Léon Duguit
Professeur à la Faculté de Droit de l'Université de Bordeaux.

Les Transformations générales du Droit privé depuis le Code Napoléon

LIBRAIRIE FÉLIX ALCAN

LES TRANSFORMATIONS GÉNÉRALES

DU DROIT PRIVÉ

DEPUIS LE CODE NAPOLÉON

A LA MÊME LIBRAIRIE

DU MÊME AUTEUR

Le droit social, le droit individuel et la transformation de l'État. 2e édition, 1 vol. in-16 de la *Bibliothèque de philosophie contemporaine*. . . . **2** fr. **50**

LES TRANSFORMATIONS GÉNÉRALES DU DROIT PRIVÉ DEPUIS LE CODE NAPOLÉON

PAR

LÉON DUGUIT

Professeur à la Faculté de Droit de l'Université de Bordeaux.

PARIS

LIBRAIRIE FÉLIX ALCAN

108, BOULEVARD SAINT-GERMAIN

1912

AVERTISSEMENT

Appelé par la Faculté de Droit de Buenos Aires à faire chez elle au mois d'août et de septembre derniers une série de conférences sur des théories générales de droit privé, j'ai étudié, devant un auditoire d'élite composé de professeurs, d'avocats et d'étudiants, les transformations générales du droit privé depuis le Code Napoléon. J'ai essayé de montrer que l'évolution juridique est, dans ses lignes générales, identique dans tous les pays parvenus à peu près au même degré de civilisation, et qu'elle se caractérise par la substitution constante et progressive d'un système juridique d'ordre réaliste et socialiste à un système d'ordre métaphysique et individualiste.

Je publie ces conférences telles qu'elles ont été prononcées. Cela explique pourquoi je me suis constamment référé au Code civil argentin, et aussi pourquoi je donne parfois des explications qui eussent été inutiles pour des auditeurs français, notamment dans la deuxième conférence où j'ai dû multiplier les exemples et les citations, à propos de la liberté, pour faire bien comprendre à mes auditeurs argentins la notion de fonction sociale opposée à la notion traditionnelle de droit subjectif.

Je me plais à espérer que ces conférences, faites pour un public étranger, ne seront pas cependant dénuées de tout intérêt pour les lecteurs français.

Bordeaux, le 23 janvier 1912.

LES
TRANSFORMATIONS GÉNÉRALES DU DROIT PRIVÉ
DEPUIS LE CODE NAPOLÉON

PREMIÈRE CONFÉRENCE

LE DROIT SUBJECTIF ET LA FONCTION SOCIALE

Sens et portée du titre choisi. — La continuité dans le développement du droit et les grandes étapes de ce développement. — La Déclaration des droits de l'homme de 1789 et le Code Napoléon. — Le système juridique que ces actes établissent est un système d'ordre métaphysique et individualiste. — Il disparaît et fait place à un système juridique d'ordre réaliste et socialiste. — La notion réaliste de fonction sociale remplace la notion métaphysique de droit subjectif.

MESSIEURS,

Je veux que mon premier mot soit un remerciement chaleureux à la Faculté de Droit de votre grande cité, qui veut bien pendant quelques semaines m'associer à ses travaux. Cela restera le grand honneur de ma vie de professeur. Merci aussi du fond de mon cœur à M. le Recteur de son accueil si charmant et si cordial. Merci à M. le Doyen des paroles trop flatteuses avec lesquelles il a bien voulu me présenter.

L'objet de ces conférences est d'étudier les transformations générales du droit et en particulier du droit privé dans les sociétés américaines et européennes depuis le commencement du XIXe siècle, et particulièrement depuis deux actes célèbres qui marquent une étape importante et occupent une place éminente dans l'histoire des sociétés civilisées : la Déclaration des droits de l'homme et du citoyen de 1789 et le Code Napoléon.

Cette étude, je la ferai d'un point de vue exclusivement scientifique. Je n'apporte aucune opinion préconçue; je n'appartiens à aucun parti; je ne suis membre d'aucune église, j'ai le profond respect de toutes les croyances; personnellement je n'admets aucun dogme dans quelque ordre que ce soit; je fais de la science et exclusivement de la science, fondée sur l'observation impartiale des faits.

D'autre part, ces conférences ne sont point des conférences de vulgarisation; elles sont d'ordre exclusivement universitaire. Je dois au grand établissement scientifique dans lequel j'ai l'honneur de parler, au public savant qui veut bien m'écouter, je dois à moi-même d'entrer au cœur même de mon sujet et de le traiter scientifiquement.

I

Et tout d'abord comment doit-on entendre le sens et la portée du sujet que j'ai choisi ? Ma pensée n'est pas, vous le comprenez, d'indiquer dans les principaux pays d'Europe et d'Amérique les transformations que le législateur positif a réalisées. Cela serait difficile et n'offrirait pas d'intérêt.

D'autre part, je suis de ceux qui pensent que le droit est beaucoup moins l'œuvre du législateur que le produit constant et spontané des faits. Les lois positives, les codes peuvent subsister intacts dans leurs textes rigides : peu importe ; par la force des choses, sous la pression des faits, des besoins pratiques, se forment constamment des institutions juridiques nouvelles. Le texte est toujours là ; mais il est devenu sans force et sans vie ; ou bien par une exégèse savante et subtile on lui donne un sens et une portée auxquels n'avait point songé le législateur quand il l'écrivait.

Je peux donc parler des transformations générales du droit et en particulier du droit privé, sans entrer dans le détail des lois positives nouvelles, depuis la Déclaration des droits de l'homme et le Code Napoléon, dans les pays dont la législation positive se compose encore de textes, qui s'inspirent des principes formulés dans ces deux actes, et je crois pouvoir dire que, malgré les différences de détail, les divergences de rédaction, ce sont tous les pays américains et européens parvenus au même degré de civilisation, et en tout cas tous les pays d'origine latine.

II

Mais, si le droit est ainsi en un état perpétuel de transformation, si continuellement des institutions juridiques nouvelles sont en train de s'élaborer, pourquoi limiter ainsi le champ d'observation? Pourquoi prendre la Déclaration des droits de 1789 et le Code Napoléon comme point de départ?

Assurément, dans la réalité des choses, il y a

une transformation continuelle et perpétuelle des idées et des institutions. Mais on est bien obligé, pour faciliter l'exposition, de créer des cadres, de distinguer des périodes. Distinction assurément artificielle, mais qui est indispensable. D'un autre côté j'estime qu'il y a bien réellement, dans l'évolution générale des peuples, certaines périodes dont le commencement et la fin sont marqués par de grands faits, qui ne peuvent pas échapper à l'attention de l'observateur; que ce serait une erreur sociologique grave de le méconnaître; qu'il faut donc marquer ces différentes périodes et déterminer les grands courants qui se manifestent dans chacune d'elles.

Or, il me paraît impossible de contester que dans les sociétés de culture américano-européenne, le Code Napoléon et la Déclaration française des droits de l'homme de 1789 marquent l'achèvement d'une longue évolution dans l'ordre juridique, le couronnement d'une construction juridique, non d'ailleurs sans grandeur et sans force. Les hommes de 1789 et les auteurs du Code Napoléon et aussi, il faut le dire, la grande majorité des jurisconsultes français et étrangers de la première moitié du XIXe siècle, sauf l'école de Savigny, estimaient qu'il y avait là un système de droit définitif, qui s'imposait avec la rigueur et l'évidence d'un système de géométrie, que de même que la géométrie moderne repose encore sur les principes formulés par Euclide, de même dans tous les temps, dans tous les pays, le droit de tous les peuples civilisés ne pourrait être que le développement normal et rationnel des principes immortels et définitifs formulés dans ces textes.

Or, il s'est trouvé qu'à peine la construction était-elle achevée, les fissures ont apparu. Le XIXe siècle a été une période particulièrement féconde dans tous les ordres de l'activité humaine. Un mouvement considérable s'est accompli dans le domaine social. Mais ce mouvement, au lieu d'être, comme le pensaient les hommes de la Révolution française et la première génération du siècle dernier, ce mouvement, dis-je, au lieu d'être le développement normal des principes formulés en 1789, a été une réaction formidable contre eux.

Pendant les cent dernières années l'œuvre destructrice s'est accomplie. Elle se poursuit encore. Mais avec le XXe siècle apparaissent très nettement les éléments de la construction juridique nouvelle, qui, d'ailleurs, elle non plus, ne sera pas définitive. Il n'y a rien de définitif dans le monde : tout passe, tout change ; et le système juridique qui est en train de s'élaborer actuellement fera place un jour à un autre que les juristes sociologues de l'avenir auront à déterminer.

Cette disparition des conceptions juridiques consacrées par la Déclaration des droits et le Code Napoléon, cette élaboration de conceptions nouvelles ne sont point spéciales à la France. Peut-être y sont-elles plus avancées qu'ailleurs? Peut-être les éléments du système juridique nouveau y apparaissent-ils plus formés que dans d'autres pays? Mais la transformation est générale. Elle se manifeste chez tous les peuples parvenus à un même degré de culture, en Europe comme en Amérique. Elle est plus ou moins avancée; elle est plus ou moins complète; ici elle apparaît sur un point; là elle se manifeste sur un autre. Mais elle est générale et présente les mêmes caractères dans toutes les sociétés américano-européennes. Elle se fait sentir dans tous les domaines du droit, dans le droit public aussi bien que dans le droit privé. Je me propose de l'étudier plus particulièrement dans le droit privé.

III

Les caractères généraux de cette transformation profonde des conceptions juridiques peuvent, à mon sens, se résumer dans les deux propositions générales suivantes, dont les conférences subséquentes ne seront que le développement :

1° La Déclaration des droits de l'homme, le Code Napoléon et tous les codes modernes, qui procèdent plus ou moins de ces deux actes, reposent sur une conception purement individualiste du droit. Aujourd'hui s'élabore un système juridique fondé sur une conception essentiellement *socialiste* [1].

Il est bien entendu que j'emploie ce mot parce que je n'en ai pas d'autre, qu'il n'implique dans ma pensée aucune adhésion à un parti socialiste quelconque, qu'il marque seulement l'opposition entre un système juridique fondé sur l'idée du droit subjectif de l'in-

1. Cf. Charmont, *La socialisation du droit, Revue de métaphysique et de morale*, 1903, p. 403 ; A. Mater, *Le socialisme juridique, Revue socialiste*, XL, 1904, p. 9 et suiv. ; Duguit, *Le droit social, le droit individuel et la transformation de l'État*, 2e édit., 1911, Paris, F. Alcan.

dividu, et celui fondé sur l'idée d'une règle sociale s'imposant à l'individu.

2° Le système juridique de la Déclaration des droits de l'homme et du Code Napoléon reposait sur la conception métaphysique de droit subjectif. Le système juridique des peuples modernes tend à s'établir sur la constatation du fait de fonction sociale s'imposant aux individus et aux groupes. Le système juridique civiliste était d'ordre métaphysique; le système nouveau qui s'élabore est d'ordre réaliste.

IV

Je m'explique. Je dis d'abord que la notion fondamentale qui est à la base du système de 1789 et de 1804 et de toutes les législations positives qui s'en sont inspirées est celle de droit subjectif : le droit subjectif de l'État personnifiant la collectivité, le droit subjectif de l'individu. Je dis que cette notion est d'ordre purement métaphysique, ce qui est en contradiction certaine avec les tendances des sociétés modernes, et avec le réalisme, disons le mot, avec le positivisme de notre époque.

Qu'est-ce donc qu'un droit subjectif? Les

controverses sans fin qui s'élèvent sur la vraie nature du droit subjectif sont la meilleure preuve de tout ce qu'a d'artificiel et de précaire cette conception. Je n'en finirais pas si je citais seulement les titres de tout ce qu'on a écrit en Allemagne, en France, en Italie, et aussi dans votre pays, sur la nature du droit subjectif. En définitive, toutes ces controverses aboutissent à cette définition : c'est le pouvoir qui appartient à une volonté de s'imposer comme telle à une ou plusieurs autres volontés, quand elle veut une chose qui n'est pas prohibée par la loi. Les Allemands, notamment le professeur Jellinek, disent : le droit subjectif est un pouvoir de vouloir, ou le pouvoir d'imposer aux autres le respect de son vouloir[1].

1. Sur les diverses définitions du droit subjectif et les controverses qui se sont élevées sur ce point, cf. DUGUIT, *Traité de droit constitutionnel*, 1911, I, p. 1 et suiv.; A. LÉVI, *La société et l'ordre juridique*, 1911, p. 245 et suiv., tout le chapitre intitulé : *Le côté objectif et le côté subjectif du droit*; DEMOGUE, *Les notions fondamentales du droit privé*, 1911, p. 325 et suiv. — M. MICHOUD (*La théorie de la personnalité morale*, I, 1906) repousse la notion du droit subjectif donnée au texte. Il a voulu résoudre l'insoluble problème de la personnalité juridique des collectivités en adoptant, avec une légère modification, la définition célèbre de Jhering : « Les droits sont des intérêts juridiquement protégés. » (*Esprit du droit romain*, édit. franç. 1878, IV,

Prenez ce qu'on est convenu d'appeler des

p. 326.) M. Michoud écrit : « Pour qu'il y ait *droit*, il faut une protection directe et immédiate. Nous définirons donc le droit subjectif : l'intérêt d'un homme ou d'un groupe d'hommes, juridiquement protégé au moyen de la puissance reconnue à une volonté de le représenter et de le défendre. » (P. 105.) Mais quoi qu'il fasse, M. Michoud aboutit nécessairement à voir dans le droit subjectif un pouvoir de vouloir. En effet, le fondement du droit subjectif serait-il uniquement l'intérêt, le droit n'apparaît vraiment que lorsque l'intérêt s'affirme à l'extérieur par une manifestation volontaire du titulaire du droit ou d'une autre personne. Ici encore, le droit subjectif n'est donc finalement qu'un pouvoir de vouloir. D'ailleurs M. Michoud reconnaît bien que c'est la personne elle-même, titulaire du droit, qui fait valoir son intérêt, qui *veut* son intérêt. Au passage précité, il dit qu'il n'est pas nécessaire « que cette volonté appartienne métaphysiquement en propre au titulaire du droit..., mais qu'il suffit que cette volonté puisse lui être socialement ou pratiquement attribuée » ; et à la page 132, il écrit : « Quand il y a *organe*, c'est la personne juridique qui agit elle-même ; son organe n'est pas quelque chose qui soit distinct d'elle ; il est une partie d'elle-même... L'organisation juridique dont il est le produit appartient à l'*essence* de la personne morale. » C'est donc bien, dans la pensée de M. Michoud, la volonté même de la personne juridique qui met en œuvre l'intérêt ; et le droit n'est bien ainsi qu'un intérêt mis en œuvre par la volonté du titulaire de cet intérêt ou le *pouvoir de vouloir* du titulaire. — On verra plus loin (Appendice I), que M. Michoud se défend énergiquement de faire de la métaphysique. Peut-il le prétendre, quand, dans les passages précités, il déclare « qu'il n'est pas nécessaire que cette volonté appartienne *métaphysiquement* en propre au titulaire du droit » et que « l'organisation juridique dont il est le produit appartient à l'*essence* de la personne morale ». Ne sont-ce pas là des affirmations d'ordre métaphysique au premier chef ?

droits, ceux qui nous sont le plus familiers; vous verrez aisément qu'ils se traduisent toujours en fait dans le pouvoir que j'ai d'imposer, même par la force, à d'autres individus ma propre volonté. La liberté est un droit : j'ai le pouvoir d'imposer à autrui le respect de la volonté que j'ai de développer librement mon activité physique, intellectuelle et morale. J'ai le droit de propriété : j'ai le pouvoir d'imposer à autrui le respect de ma volonté, d'user comme je l'entends de la chose que je détiens à titre de propriétaire. J'ai un droit de créance : j'ai le pouvoir d'imposer à mon débiteur le respect de la volonté que j'ai qu'il exécute la prestation.

De telle façon que la notion de droit subjectif — et cela est essentiel à noter et à retenir — implique toujours deux volontés en présence : une volonté qui peut s'imposer à une autre volonté; une volonté qui est supérieure à une autre volonté. Cela implique une hiérarchie des volontés, en quelque sorte une mesure des volontés, et une affirmation sur la nature et la force de la substance volonté.

Or, cela est précisément au premier chef une affirmation d'ordre métaphysique. Nous pouvons bien constater les manifestations extérieures des volontés humaines. Mais quelle est la nature de la volonté humaine? Quelle est sa force? Une volonté peut-elle être en soi supérieure à une autre volonté? Ce sont là autant de questions dont la solution est impossible en science positive.

Par là même, la notion de droit subjectif se trouve totalement ruinée et j'ai raison de dire que c'est une notion d'ordre métaphysique qui ne peut être maintenue dans une époque de réalisme et de positivisme comme la nôtre.

C'est ce que Auguste Comte, le grand penseur, avait affirmé, il y a déjà plus d'un demi-siècle, en des termes très énergiques que je vous demande la permission de vous citer: « Le mot droit doit être autant écarté du vrai langage politique que le mot cause du vrai langage philosophique. De ces deux notions théologico-métaphysiques, l'une (celle de droit) est désormais immorale et anarchique comme l'autre (celle de cause) est irrationnelle et sophistique... Il ne put exister de droit véritable qu'autant que les pouvoirs réguliers émanèrent de volontés surnaturelles. Pour lutter contre ces autorités théocratiques, la métaphysique des cinq derniers siècles introduisit de prétendus droits humains qui ne comportaient qu'un office négatif. Quand on a tenté de leur donner une destination vraiment organique, ils ont bientôt manifesté leur nature antisociale en tendant toujours à consacrer l'individualité. Dans l'état positif qui n'admet plus de titre céleste, l'idée de droit disparaît irrévocablement. Chacun a des devoirs et envers tous, mais personne n'a aucun droit proprement dit... En d'autres termes, nul ne possède plus d'autre droit que celui de toujours faire son devoir[1]. » Et cependant c'est sur cette conception artificielle et caduque de droit subjectif que la Déclaration de 1789, le Code Napoléon et la plupart des législations modernes ont établi tout le système juridique!

Les textes sont bien connus : « Les hommes naissent et demeurent libres et égaux en droits. Ces droits sont la liberté, la propriété... » (Déclaration des droits de 1789, art. 1 et 2.) Au Code Napoléon, l'article 544 : « La propriété est le droit de jouir d'une chose de la manière la plus absolue. » Si je prends les textes de votre législation, le chapitre I de votre constitution a pour titre : *Déclarations, droits et garanties*. A l'article 14, je lis : « Tous les habi-

1. Aug. Comte, *Système de politique positive*, édit. 1890, I, p. 361.

tants de la nation jouissent des droits suivants conformément à la loi qui règle leur exercice. » L'article 2540 de votre code civil[1] définit la propriété : « Le droit réel en vertu duquel une chose se trouve entièrement soumise à la volonté d'une personne. »

V

A cette notion métaphysique de droit subjectif se rattachait une conception purement individualiste de la société et du droit objectif, c'est-à-dire du droit s'imposant comme règle de conduite aux individus et à la collectivité personnifiée, à l'État.

Cet individualisme avait un lointain passé ; il était le produit d'une très longue évolution ; il prenait son origine dans la philosophie

1. Le code civil argentin a été rédigé pendant les années 1868 à 1870 par l'éminent jurisconsulte argentin Dalmacio Velez-Sassfield, né à Cordoba (Argentine) en 1810. Le travail de Velez-Sassfield, homme de grand talent et d'une vaste préparation juridique et économique (il avait professé l'économie politique à l'Université de Buenos Aires), fut approuvé par le Parlement et promulgué comme loi civile le 1er janvier 1871. Depuis cette époque, il a reçu trois ou quatre modifications, dont quelques-unes ont été prévues et préparées par l'auteur du code lui-même. (Note communiquée par M. le docteur Dellepiane, professeur à la Faculté de Droit de Buenos Aires.)

stoïcienne ; il avait trouvé sa formule juridique dans le droit romain classique : il était parvenu au XVIe et au XVIIIe siècle à une formule complète et définitive qui peut ainsi se résumer.

L'homme est par nature libre, indépendant, isolé, titulaire de droits individuels, inaliénables et imprescriptibles, de droits dits naturels, indissolublement attachés à sa qualité d'homme. Les sociétés se sont formées par le rapprochement volontaire et conscient des individus, qui se sont réunis dans le but d'assurer la protection de leurs droits individuels naturels. Sans doute, par l'effet de cette association, des restrictions sont apportées aux droits de chacun, mais seulement dans la mesure où cela est nécessaire pour assurer le libre exercice des droits de tous. La collectivité organisée, l'État, n'a d'autre but que de protéger et de sanctionner les droits individuels de chacun. La règle de droit, ou le droit objectif, a pour fondement le droit subjectif de l'individu. Elle impose à l'État l'obligation de protéger et de garantir les droits de l'individu ; elle lui interdit de faire aucunes lois, aucuns actes qui y portent atteinte. Elle impose à chacun l'obligation de respecter les droits des autres.

La limite de l'activité de chacun a pour fondement et pour mesure la protection des droits de tous. On lit à l'article 4 de la Déclaration des droits de l'homme : « La liberté consiste à pouvoir faire tout ce qui ne nuit pas à autrui : ainsi l'exercice des droits naturels de chaque homme n'a de bornes que celles qui assurent aux autres membres de la société la jouissance de ces mêmes droits. Ces bornes ne peuvent être déterminées que par la loi. » A l'article 5 : « La loi n'a le droit de défendre que les actions nuisibles à la société. » Et au titre Ier, § 3 de la constitution de 1791 : « Le pouvoir législatif ne pourra faire aucunes lois qui portent atteinte et mettent obstacle à l'exercice des droits naturels et civils... »

Cette conception purement individualiste du droit était aussi artificielle que la conception métaphysique de droit subjectif. Comme celle-ci elle était un produit historique ; elle a eu sa valeur de fait à un moment donné ; mais elle ne pouvait subsister.

D'abord elle était intimement liée à la notion de droit subjectif et si, comme je crois l'avoir démontré, celle-ci est une notion d'ordre métaphysique qui ne peut pas être maintenue dans nos sociétés modernes, toutes pénétrées de réalisme et de positivisme, la conception individualiste doit, elle aussi, disparaître.

D'autre part, prise en elle-même, la conception individualiste est insoutenable. Cette idée de l'homme naturel, isolé, indépendant, ayant en sa qualité d'homme des droits antérieurs à la société et apportant ces droits dans la société est une idée tout à fait étrangère à la réalité. L'homme isolé et indépendant est une pure fiction ; il n'a jamais existé. L'homme est un être social ; il ne peut vivre qu'en société ; il a toujours vécu en société.

De plus, parler des droits de l'homme naturel, isolé, de l'individu pris en soi, séparé de ses semblables, c'est faire une contradiction *in adjecto*. En effet, tout droit par définition implique un rapport entre deux sujets. Si l'on imagine un homme isolé et absolument séparé de ses semblables, il n'a pas, il ne peut pas avoir de droits. Robinson dans son île n'a pas de droits ; il ne peut en avoir que lorsqu'il entre en relation avec d'autres hommes. L'individu ne peut donc avoir de droits que quand il vit en société et parce qu'il vit en société. Parler de droits antérieurs à la société, c'est parler du néant. Et comme d'un autre côté nous avons vu qu'en réalité l'homme social ne peut avoir de droits subjectifs, tout le système juridique fondé sur la notion de droit subjectif et sur la conception individualiste s'écroule, ruiné par la base même.

VI

Mais en même temps s'élabore sur d'autres bases un nouveau système dans toutes les sociétés américaines et européennes, parvenues au même degré de culture et de civilisation; un système dont la formation est plus ou moins avancée suivant les pays ; un système juridique qui, lentement, sous la pression des faits, vient remplacer l'ancien système ; et cela en dehors de l'intervention du législateur, malgré son silence, et, je pourrais dire, malgré même parfois son intervention en sens contraire.

Il repose sur une conception exclusivement réaliste, qui élimine successivement la conception métaphysique de droit subjectif : c'est la notion de fonction sociale.

L'homme n'a pas de droits ; la collectivité n'en a pas davantage. Mais tout individu a dans la société une certaine fonction à remplir, une certaine besogne à exécuter. Et cela est précisément le fondement de la règle de droit qui s'impose à tous, grands et petits, gouvernants et gouvernés.

Cela est aussi proprement une conception d'ordre réaliste et socialiste, qui transforme profondément toutes les conceptions juridiques antérieures ; c'est ce que je me propose de montrer dans les conférences qui vont suivre. Mais dès aujourd'hui je veux prendre deux exemples pour marquer d'une manière concrète comment là transformation s'accomplit et en quoi elle consiste. Je prends la liberté et la propriété.

Et d'abord la liberté : elle est définie, dans le système individualiste, le droit de faire tout ce qui ne nuit pas à autrui et par là même *a fortiori* le droit de ne rien faire du tout. Dans la conception moderne la liberté n'est plus cela. Tout homme a une fonction sociale à remplir, et par conséquent il a le devoir social de la remplir ; il a le devoir de développer aussi complètement que possible son individualité physique, intellectuelle et morale, pour remplir cette fonction le mieux possible, et nul ne peut entraver ce libre développement. Mais l'homme n'a pas le pouvoir de rester inactif, d'entraver lui-même le libre développement de son individualité ; il n'a pas de droit à l'inactivité, à la paresse. Les gouvernants peuvent intervenir pour lui imposer le travail. Ils peuvent même réglementer son travail ; car les gouvernants ne font alors que lui imposer l'obligation d'accomplir la fonction sociale qui lui incombe.

Quant à la propriété, elle n'est plus dans le droit moderne le droit intangible, absolu que l'homme détenteur de la richesse a sur elle. Elle est et elle doit être ; elle est la condition indispensable de la prospérité et de la grandeur des sociétés et les doctrines collectivistes sont un retour à la barbarie. Mais la propriété n'est pas un droit ; elle est une fonction sociale. Le propriétaire, c'est-à-dire le détenteur d'une richesse a, du fait qu'il détient cette richesse, une fonction sociale à remplir ; tant qu'il remplit cette mission, ses actes de propriétaire sont protégés. S'il ne la remplit pas ou la remplit mal, si par exemple il ne cultive pas sa terre, laisse sa maison tomber en ruine, l'intervention des gouvernants est légitime pour le contraindre à remplir sa fonction sociale de propriétaire, qui consiste à assurer l'emploi des richesses qu'il détient conformément à leur destination.

Telles sont, Messieurs, les idées fondamentales qui domineront ces conférences ; et tels sont les points principaux que je me propose d'y étudier. Vous voyez aisément qu'ils touchent à tous les grands problèmes qui s'agitent dans nos sociétés modernes : la liberté, la propriété, l'association, la responsabilité. Ces questions, nous les étudierons par la méthode d'observation, en procédant à l'examen impartial des faits, et je sais que j'aurai en vous des auditeurs qui seront pour moi de véritables collaborateurs.

DEUXIÈME CONFÉRENCE

LA CONCEPTION NOUVELLE DE LA LIBERTÉ

La notion de fonction sociale. — La solidarité ou interdépendance sociale et la règle de droit. — La division du travail social. — Éléments essentiels du système individualiste de la Déclaration des droits et du Code Napoléon. — Transformation de la notion de liberté : elle n'est pas un droit, mais la conséquence de l'obligation qui s'impose à tout homme de développer son individualité, facteur essentiel de la solidarité sociale. — Principales conséquences de cette définition. — Ses applications dans les lois modernes relatives au travail et à la prévoyance.

MESSIEURS,

Dans la première conférence, je me suis attaché à montrer comment le système juridique civiliste devait forcément disparaître de nos sociétés modernes. J'ai ajouté que la notion de droit subjectif était une notion d'ordre métaphysique qui ne pouvait subsister à notre époque, que la conception individualiste contenait une contradiction en soi, que le système juridique établi sur ce double fondement avait été un produit contingent et momentané de l'histoire, qu'à une certaine époque il avait répondu à un besoin social, mais qu'aujourd'hui son règne était fini. J'ai dit aussi que partout dans tous les pays modernes s'élabore un nouveau système juridique fondé sur une notion d'ordre purement réaliste et vraiment socialiste : la fonction sociale.

C'est ce dernier point que je vais développer aujourd'hui en montrant spécialement les transformations qui en résultent nécessairement dans le régime de la liberté individuelle.

I

En quoi consiste donc cette notion de fonction sociale ? Elle se ramène à ceci : l'homme n'a pas de droits, la collectivité n'en a pas davantage. Parler des droits de l'individu, des droits de la société, dire qu'il faut concilier les droits de l'individu avec ceux de la collectivité, c'est parler de choses qui n'existent pas. Mais tout individu a dans la société une certaine fonction à remplir, une certaine besogne à exécuter. Il ne peut pas ne pas remplir cette fonction, ne pas exécuter cette besogne, parce que de son abstention résulterait un désordre, ou tout au moins un préjudice social. D'autre part, tous les actes qu'il fera contrairement à la fonction qui lui incombe seront socialement réprimés. Mais, à l'inverse, tous les actes qu'il fera pour accomplir la mission, qui est la sienne en raison de la place qu'il occupe dans la société, seront socialement protégés et garantis.

Et en cela apparaît très nettement le fondement social de la règle de droit, du droit objectif.

Il est à la fois réaliste et socialiste : réaliste, puisqu'il repose sur le fait de la fonction sociale observé et constaté directement; socialiste, puisqu'il repose sur les conditions mêmes de la vie sociale. La règle juridique, qui s'impose aux hommes, n'a point pour fondement le respect et la protection de droits individuels qui n'existent pas, d'une manifestation de volonté individuelle, qui par elle-même ne peut produire aucun effet social. Elle repose sur le fondement de la structure sociale, la nécessité de maintenir cohérents entre eux les différents éléments sociaux par l'accomplissement de la fonction sociale qui incombe à chaque individu, à chaque groupe. Et ainsi c'est bien vraiment une conception socialiste du droit qui se substitue à la conception individualiste traditionnelle.

Quant aux éléments constitutifs de la cohésion sociale, ils me paraissent avoir été déterminés, d'une manière définitive, par divers sociologues et particulièrement par mon éminent collègue et ami M. Durkheim. Je n'y insisterai pas. Ces éléments résident dans ce qu'on a appelé la solidarité sociale. Mais ce mot a donné lieu à beaucoup d'abus et de confusions. Les politiciens s'en sont emparés et l'ont détourné de son vrai sens. Aussi je préfère dire interdépendance sociale.

La solidarité sociale ou plutôt l'interdépendance sociale telle que je la comprends, telle que, je crois, on doit la comprendre scientifiquement, n'est pas un sentiment, encore moins une doctrine; elle n'est pas même un principe d'action. Elle est un fait d'ordre réel susceptible de constatation directe : elle est le fait de la structure sociale elle-même. Si on l'observe et si on l'analyse, on constate que, quel que soit le degré de civilisation d'un peuple, la solidarité ou interdépendance sociale est constituée par deux éléments, qui se retrouvent toujours à des degrés divers, avec des formes variables, entremêlés l'un à l'autre, mais présentant toujours des caractères essentiels identiques, dans tous les temps et chez tous les peuples. Ces deux éléments sont : les similitudes des besoins des hommes appartenant à un même groupe social; et secondement, la diversité des besoins et des aptitudes des hommes appartenant à ce même groupe.

Les hommes d'une même société sont unis les uns aux autres, d'abord parce qu'ils ont des besoins communs, dont ils ne peuvent assurer la satisfaction que par la vie commune : c'est la solidarité ou interdépendance par similitudes. D'autre part, les hommes sont unis les uns aux autres parce qu'ils ont des besoins différents et en même temps des aptitudes différentes, qu'ainsi ils peuvent se rendre de mutuels services et assurer la satisfaction de elurs besoins divers. C'est la solidarité ou l'interdépendance sociale par la division du travail[1].

1. DURKHEIM, *La division du travail social* (1893), 2ᵉ édit. 1903; (Paris, F. Alcan). DUGUIT, *L'État, le droit objectif et la loi positive*, 1901. p. 23 et suiv.

II

La solidarité par division du travail, voilà l'élément fondamental de la cohésion sociale dans nos sociétés modernes très civilisées. La civilisation en elle-même se caractérise d'ailleurs par la multiplicité des besoins et des moyens de leur donner satisfaction dans un temps très court. Cela implique parconséquent une très grande division du travail social et aussi une très grande division des fonctions, par là même une très grande inégalité des hommes modernes.

La division du travail social, voilà le grand fait moderne, voilà le pivot central, en quelque sorte, sur lequel évolue le droit d'aujourd'hui. Chaque homme, chaque groupe d'hommes, qu'il soit le dictateur suprême d'un pays ou le plus modeste des sujets, qu'il soit un gouvernement, un parlement tout-puissants, ou une modeste association, a une certaine tâche à remplir dans le vaste atelier qu'est le corps social. Cette fonction est déterminée par la situation qu'il occupe en fait dans la collectivité. Il n'a pas de droits subjectifs ;il ne peut pas en avoir parce qu'un droit est une abstraction sans réalité. Mais par cela seul qu'il est membre d'une société, il est dans l'obligation de fait d'accomplir une certaine fonction sociale, et les actes qu'il fait en vue de ce but ont une valeur sociale et seront socialement protégés.

C'est ce que voulait dire Auguste Comte quand il écrivait dans le passage cité dans la première conférence : « En résumé, nul ne possède plus d'autre droit que de toujours faire son devoir. » Ainsi point de droits aux individus, point de droits aux gouvernants, point de droits aux groupes sociaux quels qu'ils soient. Mais une fonction sociale à remplir et la protection assurée à tous les actes faits en vue de cette fonction et seulement à ceux-là et seulement dans la mesure où ils sont faits en vue de cette fonction.

III

Vous apercevez aisément quelle transformation profonde cela implique dans le système individualiste et métaphysique qu'était celui de la Déclaration des droits, du Code Napoléon et de la plupart des législations modernes.

Tous les éléments constitutifs de ce système vont se transformer. Les noms qui désignent les diverses institutions subsistent et subsisteront longtemps encore; mais dans la réalité ils désignent des choses tout à fait différentes de celles qu'ils désignaient autrefois. C'est ce qu'il nous faut maintenant montrer.

Quelles étaient donc les pièces essentielles du système civiliste? Ce sont celles-là dont il nous faut décrire les transformations dans le sens réaliste et socialiste.

Si nous laissons de côté l'organisation de la famille, qui mériterait une étude spéciale, mais que je ne veux pas faire ici, pour beaucoup de raisons, et notamment parce que son évolution revêt un caractère spécial à chaque peuple, si nous laissons de côté, dis-je, l'organisation de la famille, les éléments essentiels constitutifs du système civiliste sont au nombre de quatre:

1° La liberté individuelle. Le principe en est formulé dans les articles 2 et 4 déjà cités de la Déclaration des droits de 1789, et dans l'article 14 de la constitution argentine. La liberté implique, comme je le montrerai un peu plus loin, l'autonomie de la volonté individuelle consacrée par les articles 6 et 1134 du

Code Napoléon et par les articles 19, 30 et 978 du Code civil argentin (sur lesquels je reviendrai longuement dans la prochaine conférence). L'autonomie de la volonté individuelle est le droit de vouloir juridiquement, le droit de pouvoir par un acte de volonté et sous certaines conditions créer une situation juridique.

2° Le principe de l'inviolabilité du droit de propriété, compris comme le droit absolu d'user, de jouir et de disposer d'une chose. Il est consacré par l'article 17 de la Déclaration des droits française : « La propriété étant un droit inviolable et sacré, nul ne peut en être privé... » L'article 17 de la constitution argentine est tout à fait identique à ce texte : « La propriété est inviolable; et nul habitant de la nation ne peut en être privé, si ce n'est en vertu d'une sentence fondée sur la loi. » J'ai déjà cité dans ma première conférence l'article 544 du Code Napoléon définissant le droit de propriété et ayant son similaire dans l'article 2540 du Code argentin : « La propriété est le droit en vertu duquel une chose se trouve soumise d'une manière totale à la volonté et à l'action d'une personne. » La propriété individuelle conçue comme droit est l'élément fondamental de tout le système civiliste; et l'on a pu dire, non sans raison, que le Code Napoléon était le code de la propriété et qu'il fallait lui substituer le code du travail.

3° Le contrat. C'est, dans le système civiliste, l'acte juridique par excellence. En principe, dans les rapports de deux particuliers et à moins d'exception formelle prévue par la loi, la situation juridique ne peut naître qu'en vertu d'un contrat. C'est logique. La situation juridique nouvelle implique en effet une modification à la sphère juridique de deux personnes, une modification en plus pour le sujet actif, une modification en moins pour le sujet passif. Or la sphère juridique de chaque personne a pour support et pour mesure la propre volonté de cette personne. Elle ne peut donc en principe être modifiée que par la volonté de celle-ci. Par conséquent, une situation juridique qui est un rapport entre deux sujets de droit ne peut naître que par l'accord des volontés de ces deux sujets. Nous verrons plus tard ce qu'il reste aujourd'hui de cette conception qui, comme toutes les conceptions civilistes, se transforme profondément.

4° Enfin, le quatrième élément essentiel du système civiliste, c'est le principe de la responsabilité individuelle pour faute. Tout acte fait sans droit par une personne et occasionnant un préjudice à une autre personne entraîne l'obligation pour l'auteur de cet acte de réparer le préjudice causé. Il faut que l'acte excède le droit de celui qui en est l'auteur; il faut en un mot qu'il y ait une faute. C'est le principe de la responsabilité pour faute ou responsabilité subjective. Il est capital dans le système civiliste ; et il est exclusif, en ce sens que ce système n'admettait pas et ne pouvait pas admettre d'autre cause de responsabilité. Il était formulé dans un article célèbre du Code Napoléon, l'article 1382: « Tout fait quelconque de l'homme qui cause un dommage à autrui oblige celui par la faute duquel il est arrivé à le réparer. » Texte complété par les articles qui suivent et desquels je rapproche l'article 1143 du Code civil argentin: « Toute personne qui est l'auteur d'un fait qui, par sa faute ou sa négligence, occasionne un dommage à autrui, est obligée à la réparation du préjudice. » Nous verrons qu'à côté de cette responsabilité subjective pour faute s'organise une responsabilité objective pour risque, qui se rattache directement à la conception socialiste du droit.

IV

Et d'abord, dis-je, le premier élément du système civiliste et en même temps le plus général est le droit de liberté. Le mot a d'ailleurs un sens très compréhensif. Il désigne à la fois ce qu'on appelle la liberté politique, c'est-à-dire le droit reconnu à tout citoyen d'un pays de participer dans une certaine mesure au gouvernement. De la liberté ainsi comprise je ne m'occuperai point. Je ne considérerai que la liberté civile, dont la définition est donnée dans l'article 4 déjà cité de la Déclaration des droits : « La liberté consiste à pouvoir faire tout ce qui ne nuit pas à autrui... », et dans l'article 14 de la constitution argentine. Ainsi la liberté est bien conçue comme un droit subjectif de l'homme vivant en société. C'est le droit d'agir ; c'est le droit de développer son activité physique, intellectuelle et morale. Mais c'est aussi plus que cela : c'est le droit de vouloir juridiquement ; c'est le droit de pouvoir, par un acte de volonté et sous certaines conditions, créer une situation juridique. C'est ce que nous appellerons l'autonomie de la volonté ; et son étude fera l'objet de la prochaine conférence. Aujourd'hui nous ne nous occuperons que de la liberté proprement dite.

La liberté étant conçue comme un droit subjectif de l'individu et seulement comme un droit, on aperçoit les conséquences qui en résultent. L'homme a le droit de développer librement son activité physique, intellectuelle et morale. L'État, le législateur, ne peut rien faire qui porte atteinte à ce droit; il peut et il doit cependant faire des lois réglant l'exercice de la liberté physique, de la liberté de la pensée, mais seulement dans la mesure où cela est nécessaire pour sauvegarder la liberté de tous. C'est de cette idée générale que s'inspirent, dans tous les pays, les lois sur la liberté individuelle, sur la liberté de la presse, sur la liberté de la parole, liberté de réunion, liberté d'enseignement, et même liberté religieuse.

Mais dans la conception subjectiviste l'État ne peut pas aller au delà. Il ne peut imposer aucune restriction à l'exercice de la liberté individuelle dans un intérêt autre que l'intérêt collectif, par exemple dans l'intérêt de l'individu même dont il restreint la liberté. D'autre part l'État ne peut imposer des obligations actives à l'individu, en dehors des impôts qu'il établit pour les besoins collectifs, impôts en argent, impôts en nature, impôt du sang. L'État ne peut point dans les conceptions subjectivistes imposer à l'individu l'obligation du travail, l'obligation de l'enseignement, l'obligation de la prévoyance.

Or, on sait que de nombreuses lois modernes sont en opposition formelle avec ces solutions. Dans tous les pays civilisés, en Europe et en Amérique, à des degrés divers, il y a des lois qui restreignent dans l'intérêt même de l'individu son activité; d'autres qui imposent l'obligation de l'enseignement, l'obligation de la prévoyance. Ces lois sont en contradiction absolue avec la conception individualiste et subjectiviste de la liberté. Les représentants de la doctrine individualiste, dite aussi libérale, se désolent, protestent, prétendent que c'est contraire à tous les principes. Protestations, regrets superflus : il y a une évolution, une transformation qui s'impose avec la force d'un phénomène naturel, qu'on pourra peut-être suspendre, contrarier pendant quelque temps, mais qui nécessairement s'accomplira. Elle est la conséquence naturelle et nécessaire de la transformation générale que j'ai expliquée et de la conception nouvelle de la liberté, laquelle n'est point un droit subjectif, mais la conséquence de l'obligation qui s'impose à tout homme de développer le plus complètement possible son individualité, c'est-à-dire son activité physique, intellectuelle et morale, afin de coopérer le mieux possible à la solidarité sociale.

V

Cela est précisément la conséquence immédiate du fait de la solidarité par division du travail, élément par excellence de la cohésion sociale, satisfaction des besoins divers des hommes assurée par les activités diverses de chacun. Chaque individu est donc tenu de jouer son rôle dans la société, d'accomplir une certaine besogne et pour cela de développer le plus possible son activité, ses facultés dans tous les ordres. L'homme n'a point le droit d'être libre; il a le devoir social d'agir, de développer son individualité et de remplir sa mission sociale. Nul ne peut s'opposer aux actes qu'il fait dans ce dessein, à la condition, bien entendu, que ces actes n'aient pas pour résultat de porter atteinte à la liberté d'autrui.

L'État ne peut rien faire qui limite l'activité de l'homme exercée en vue de ce but; il doit protéger tous les actes qui tendent à cette fin et réprimer et punir tous ceux qui y sont contraires.

Jusqu'ici le système nouveau conduit à peu près aux mêmes conséquences que le système individualiste; mais voici où la différence profonde apparaît. Si l'homme n'est libre que pour développer son individualité et seulement dans la mesure où il agit en vue de cette fin, il ne peut rien faire qui serait de nature à restreindre ou à supprimer ce développement; et l'État, interprète du droit objectif, peut et doit intervenir pour le lui interdire. Il n'y a point alors atteinte à un prétendu droit, mais tout simplement l'application de la loi de solidarité sociale, qui est la loi fondamentale de toutes les sociétés modernes.

Voici par exemple une première conséquence évidente sur laquelle d'ailleurs je n'insiste pas. Serait parfaitement légitime toute loi qui punirait et interdirait le suicide. Il ne s'agit pas, bien entendu, de restaurer les procès d'autrefois faits aux cadavres et la privation de sépulture pour les suicidés. Quand on parle de l'interdiction et de la punition du suicide, on en a vue, bien entendu, la punition de la tentative de suicide et la poursuite dirigée contre les complices. La législation française ne punit point le suicide actuellement. Sous l'influence du christianisme, l'ancien droit français, au contraire, le punissait. Sans doute les coutumes se divisaient sur l'application du châtiment, mais partout la répression intervenait : elle frappait non seulement celui qui survivait à la tentative de suicide, mais même le cadavre du défunt ; son patrimoine était confisqué. La Révolution abolit entièrement cet état de choses ; elle proclame le principe de la liberté individuelle ; et comme conséquence elle reconnaît la liberté du suicide qui doit échapper à toute répression sociale. Les législations modernes ont accepté ce point de vue. Aujourd'hui aucune d'elles ne punit la tentative de suicide [1].

1. Il semble que le code pénal autrichien de 1803 est le seul code européen qui au XIXe siècle ait puni le suicide. Il distinguait entre la tentative suspendue volontairement et celle qui avait manqué son effet par une cause indépendante de la volonté de l'agent : dans le premier cas, celui-ci recevait un avertissement du magistrat ; dans le second, il était enfermé en un lieu sûr, rigoureusement surveillé et soumis à un traitement physique et moral approprié. Si le suicide était consommé, le cadavre du coupable devait être enterré hors du cimetière, après décision de justice. Aucune de ces dispositions n'est passée dans le code pénal autrichien de 1853 actuellement en vigueur.

Mais quelques-unes punissent la complicité. En Angleterre, par exemple, celui qui aide au suicide est considéré comme meurtrier. Le Brésil, les Pays-Bas, l'Espagne, la Hongrie punissent d'emprisonnement le complice du suicide. Assurément il y a là une contradiction ; car si le suicide est un fait licite, le fait d'un tiers qui y participe ne peut être une infraction. Mais cette répression dirigée contre le complice prépare celle du suicide lui-même, que la conscience chaque jour plus nette de la solidarité sociale imposera dans un avenir prochain à toutes les législations civilisées [1].

Cf. GARRAUD, *Traité de droit pénal*, 2e édit., 1900, IV, p. 630 et suiv.

1. Dans le système du code pénal français, le suicide n'étant pas une infraction, le complice d'un suicide ne peut être punissable ; ainsi celui qui a provoqué l'acte, qui l'a préparé ou facilité, échappe à toute répression. Mais de bons auteurs admettent que si la participation au suicide ne saurait être incriminée, il n'en est pas de même du fait de donner volontairement la mort à quelqu'un, de son consentement ou sur son ordre ou sa prière. « Dans ce dernier cas, dit M. Garraud, la personne homicidée, bien qu'elle ait sollicité la mort, n'a joué qu'un rôle purement passif ; l'auteur de l'action, l'agent principal, est celui qui a donné la mort. Le fait commis rentre par conséquent dans les termes implicites de la définition du meurtre et de l'assassinat » (*Traité de droit pénal*, 2e édit., 1900, IV, p. 635). Cf. dans le même sens, HAUSS, *Législation criminelle*, III, p. 210 ; Cour de cassation, Chambre criminelle, 21 août 1851, SIREY, 1852, I, p. 286.

De même la loi devrait punir le duel. Beaucoup de législations le prohibent et le punissent et cette prohibition tend certainement à se généraliser. Il ne saurait être permis à l'homme de s'exposer inutilement à la mort. Le duel est une survivance de l'époque barbare où aucune justice n'était organisée. Il est aussi un souvenir de la croyance superstitieuse au jugement de Dieu [1].

1. La plupart des législations modernes punissent le duel comme infraction spéciale déterminée par les éléments suivants : un combat concerté avec armes meurtrières, entre deux ou plusieurs personnes, en réparation de l'honneur outragé, combat précédé d'un défi et ayant lieu en présence de témoins. Cf. notamment, code pénal belge, art. 423-433 ; code pénal des Pays-Bas, art. 152-156 ; code pénal hongrois, art. 297 ; code pénal allemand, art. 201-210 ; code pénal italien, art. 237-245. — Dans l'ancienne France, de nombreux édits royaux depuis Henri II jusqu'à Louis XVI punissaient le duel de peines sévères. Mais ni les lois de la Révolution, ni notre code pénal n'ont prévu et puni le duel. Dans un décret du 27 messidor an II, la Convention déclare qu'aucun texte de loi ne prévoit et punit la provocation au duel et renvoie à sa Commission du recensement des lois pour examiner les moyens d'empêcher le duel (MERLIN, *Répertoire*, 5e édit., 1827, V° duel, p. 493). On s'est demandé quelle était la raison qui avait déterminé le législateur de la Révolution et de l'Empire à ne pas réprimer le duel. Il n'en faut pas chercher d'autre que la prédominance, dans les esprits de l'époque, de la doctrine individualiste : le législateur ne peut punir le duel, puisque c'est volontairement que les duellistes s'exposent à la mort et que le législateur n'a point le droit d'empêcher l'individu de se donner la mort ou de s'y exposer. — Pendant longtemps,

La loi doit interdire tous les jeux dangereux où sans profit social l'homme expose sa vie. La vie de l'individu est une valeur sociale et il ne peut être permis de l'exposer en vue d'un but autre que l'intérêt social. C'est ainsi, par exemple, que les lois tendent à interdire très justement les courses de taureaux, qui sont une

la jurisprudence française s'est inspirée de la même idée : elle décidait que l'homicide commis ou les blessures faites en duel ne constituaient ni crime ni délit. Cf. Arrêts de la Cour de cassation, Chambre criminelle, 4 décembre 1824, SIREY, 1825, 1, p. 6, et 8 août 1828, SIREY, 1828, I, p. 393. Mais par un arrêt du 22 juin 1837, rendu toutes Chambres réunies sur les conclusions du procureur général Dupin, la Cour de cassation a modifié sa jurisprudence et décidé « que les dispositions des articles 295 et 296 du code pénal (définissant et punissant l'homicide) sont absolues et ne comportent aucune exception..., que si aucune disposition législative n'incrimine le duel proprement dit et les circonstances qui préparent ou accompagnent cet acte, aucune disposition de loi ne range ces circonstances au nombre de celles qui rendent excusables le meurtre, les blessures et les coups..., que c'est une maxime inviolable de notre droit public que nul ne peut se faire justice à soi-même... » V. le texte de l'arrêt et les conclusions du procureur général Dupin, SIREY, 1837, I, p. 465 et suiv. — Cet arrêt a définitivement fixé la jurisprudence française d'après laquelle le duel n'est pas punissable en lui-même comme crime ou délit spécial, mais sont punissables les homicides commis ou les blessures données dans un duel, les témoins étant responsables comme complices. On applique purement et simplement les articles 295 et suivants de notre code pénal. Ce système présente en fait d'assez graves inconvénients. Il y a évidemment dans notre législation une lacune qu'il est très désirable de voir combler.

honte de l'Espagne. Depuis quelques années elles ont passé malheureusement de l'Espagne dans le midi de la France; je le déplore. Le parlement français est saisi d'un projet de loi tendant à les interdire absolument. Il sera très probablement voté. Il provoque des réclamations : c'est, dit-on, une atteinte à la liberté. L'objection est sans valeur et ne vaut même pas qu'on s'y arrête.

Certains travaux sont dangereux, mais absolument indispensables. Ici le législateur interviendra pour imposer toutes les mesures propres à réduire le danger au minimum. Qu'on n'invoque pas non plus ici le prétendu droit de l'individu de faire ce qu'il veut. En imposant ces mesures de sécurité le législateur ne fait encore que protéger la valeur sociale qu'est la vie humaine. Beaucoup de pays ont à cet égard une législation très complète. En France, nous avons toute une série de lois et de décrets, notamment la loi du 12 juin 1893 concernant l'hygiène et la sécurité des travailleurs dans les établissements industriels, les lois du 8 juillet 1890, 25 mars 1901, 9 mai 1905, 23 juillet 1907 et 12 mars 1910, sur la sécurité des ouvriers mineurs. Ces lois ont organisé un mode de sanction intéressant : ce sont les ouvriers mineurs eux-mêmes qui nomment des délégués chargés de surveiller l'exacte application de la loi. « Des délégués à la sécurité des ouvriers mineurs sont institués... pour visiter les travaux souterrains des mines..., dans le but exclusif d'un examen des conditions de sécurité pour le personnel qui y est occupé ; et d'autre part, en cas d'accident, les conditions dans lesquelles cet accident se sera produit... Les délégués et le délégué suppléant sont élus au scrutin de liste... Sont électeurs dans une circonscription les ouvriers qui y travaillent au fond... » (Loi du 8 juillet 1890, art. 1, 4 et 5.)

Toujours dans le même ordre d'idées, la loi peut et doit même limiter la durée maximum du travail quotidien. Il est probable que dans un avenir prochain, toutes les législations des pays civilisés contiendront des dispositions similaires à cet égard. La raison en est toujours la substitution de la conception de la liberté-fonction à la conception de la liberté-droit.

Vous savez les controverses sans fin qui se sont élevées à cet égard et qui existent encore dans la plupart des pays. A mon sens la raison principale de ces controverses vient de ce que presque partout, et je dois le dire, particulièrement en France, la question a été mal posée. Tout un parti a réclamé des lois sur la limitation de la journée de travail au nom de la lutte des classes. Il a prétendu que le législateur devait intervenir pour protéger le travailleur contre le capitaliste qui l'exploitait. Alors on a répondu, et non sans force : entre l'ouvrier et le patron, entre l'employeur et l'employé intervient un contrat qui doit rester libre ; le législateur ne peut pas plus intervenir dans le contrat de travail qu'il ne peut intervenir dans les autres contrats.

C'était mal poser le problème. Il n'y a point là une question de liberté des contrats. Le point est seulement de savoir si en travaillant chaque jour au delà d'une certaine durée, l'ouvrier ne compromet pas sa santé, sa vie, sa personnalité intellectuelle et morale. Si cela est établi, le législateur doit intervenir pour que cette durée maximum ne soit pas dépassée. Il ne fait encore que protéger la valeur sociale que représente la vie humaine. Il doit intervenir, non seulement quand l'ouvrier travaille pour autrui, mais encore quand il travaille pour lui-même. Le but essentiel de la loi n'est pas tant de protéger l'ouvrier contre l'entrepreneur que de protéger le travailleur contre lui-même et malgré lui-même. Voilà bien la preuve qu'il ne s'agit pas d'une question de contrat.

En France, nous avons une législation très complexe et cependant encore bien incomplète sur la durée maximum de la journée de travail. Une loi ancienne du 9 septembre 1848 limite la durée du travail quotidien à 12 heures dans les usines et manufactures. Et aux termes de la loi Millerand du 30 mars 1900, la durée du travail ne peut excéder 10 heures dans les établissements qui emploient dans les mêmes locaux des hommes adultes, des mineurs et des femmes. Enfin, une loi spéciale du 29 juin 1905 fixe à 8 heures la durée maximum du travail dans les mines[1]. La commission du travail de notre Chambre des députés est actuellement saisie d'une proposition de

1. Au moment où je disais cela, la Commission des mines de la Chambre des députés était saisie d'un projet de loi relatif à la journée de 8 heures dans les mines, modifiant et élargissant les dispositions de la loi du 29 juin 1905. Voté une première fois par la Chambre, il avait été voté avec quelques modifications par le Sénat. Désireuse de faire aboutir la réforme, la Commission de la Chambre a fait quelques concessions au Sénat et la Chambre a voté le texte nouveau dans ses séances du 30 mars 1912. — Cf. Duguit, *Traité de droit constitutionnel*, 1911, II, p. 64 et suiv.

loi tendant à fixer uniformément au maximum de 10 heures la durée du travail quotidien dans tous les établissements industriels[1].

Ce que je viens de dire pour la durée maximum du travail est vrai du repos hebdomadaire. Je sais que je touche ici à une question en ce moment très brûlante dans cette ville[2] et je n'insiste pas. Mais il importe cependant de marquer pour l'éviter une confusion souvent faite. Le législateur ne peut certainement pas interdire pendant un jour quelconque de la semaine l'exploitation d'un établissement commercial, industriel ou agricole. S'il le fait, je ne dirai pas qu'il porte atteinte à la liberté du commerce, de l'industrie, que je nie comme droit; je dirai qu'il compromet le libre développement de l'activité sociale et, par conséquent, excède ses pouvoirs. Mais le légis-

1. Dans la séance du 8 février 1912, la Chambre des députés a abordé la discussion du projet de loi tendant à fixer d'une manière générale la durée maximum du travail quotidien à 10 heures. Elle n'est point encore achevée.

2. A l'époque où je suis arrivé à Buenos Aires (19 août 1911), une ordonnance de police venait d'ordonner la fermeture, le dimanche, de tous les établissements commerciaux, y compris les restaurants et les cafés. Cette mesure avait provoqué une très vive effervescence, qui s'apaisa quelque temps après, l'administration ayant promis d'appliquer avec la plus grande tolérance, pour les restaurants et les cafés, les dispositions de l'ordonnance.

lateur peut, et doit, interdire aux travailleurs de travailler plus de six jours de suite, leur défendre de travailler le septième jour, s'il est établi que le travail, sans cette interruption, excède les forces humaines et compromet la valeur-travail qu'est chaque individu.

Je dois dire que c'est exactement à ce point de vue que s'est placée la loi française du 13 juillet 1906 qui, contrairement à ce qui est dit souvent, n'impose la fermeture d'aucun établissement commercial ou industriel un jour quelconque de la semaine, mais exige que les travailleurs se reposent le septième jour, en principe le dimanche. Elle fait d'ailleurs une très large part à la possibilité du repos par roulement.

VI

Enfin, la conception nouvelle de la liberté-fonction rend raison de toutes les lois qui imposent à l'individu des obligations positives. Toute loi qui imposerait à tous l'obligation du travail serait parfaitement légitime. Peut-être la sanction d'une pareille loi serait-elle assez difficile. Mais on pourrait résoudre la difficulté en frappant celui qui ne fait rien d'un impôt particulièrement lourd. Je ne connais pas encore de loi qui soit intervenue en ce sens. Il sera probablement inutile que les législateurs interviennent, parce que dans nos sociétés modernes, où la concurrence est si ardente, où la lutte pour la vie est si âpre, l'inactif disparaîtra forcément écrasé par les forces sociales.

C'est toujours à la conception nouvelle de la liberté que se rattachent toutes les lois sur l'enseignement obligatoire. Le législateur a certainement le devoir et le pouvoir d'imposer à tous un minimum d'enseignement. Lorsque en France le parti républicain vota la loi du 28 mars 1882 sur l'enseignement primaire obligatoire, le parti catholique prétendit que c'était une atteinte à la liberté du père de famille. Certainement l'obligation de l'enseignement est en contradiction avec la notion de liberté-droit telle qu'elle est dans la Déclaration de 1789, et la puissance paternelle telle qu'elle est consacrée au Code civil (art. 371 et suiv.). Mais au contraire l'obligation de l'enseignement s'impose avec la notion de la liberté-fonction, puisque c'est incontestablement le pouvoir et le devoir du législateur d'exiger que chacun acquière le minimum d'enseignement qui lui est indispensable pour être une valeur sociale, pour accomplir une tâche dans l'atelier social[1].

Enfin, c'est encore des mêmes idées que s'inspirent les lois de prévoyance obligatoire et particulièrement la loi du 5 avril 1910 qui a établi en France les retraites ouvrières et paysannes obligatoires. Tout employé, tout ouvrier est obligé de prélever sur son salaire une certaine somme qui, avec la contribution du patron et de l'État, lui permettra d'avoir à l'âge de 65 ans une retraite[2]. Les idées ont fait de tels progrès dans le sens que j'indique que le principe de l'obligation, encore très vivement contesté il y a quelques années, a été voté à une forte majorité dans les Chambres françaises. L'application de la loi rencontre, il est vrai, quelques résistances dans le pays; mais c'est une période de transi-

1. Cf. sur l'enseignement obligatoire, DUGUIT, *Traité de droit constitutionnel*, I, p. 76 et suiv.

2. Par la loi de finances du 27 février 1912, art. 54 à 62, des modifications ont été apportées à la loi du 5 avril 1910. Notamment aux termes de l'article 55, l'âge normal de la retraite est abaissé de 65 à 60 ans; toutefois l'assuré a la faculté d'en ajourner la liquidation jusqu'à l'âge de 65 ans; et aux termes de l'article 57, le maximum de la bonification par l'Etat a été élevé de 60 à 100 francs.

tion et je ne doute pas que d'ici quelques années le monde du travail, mieux éclairé, n'en accepte l'application générale.

Je m'arrête. Je pourrais multiplier les exemples: ils viendraient tous démontrer la transformation générale que j'ai décrite et prouver combien j'ai raison de dire que partout la conception de liberté-fonction remplace la notion de liberté-droit.

Dans la conférence prochaine nous étudierons un autre élément de la liberté, pour lequel s'accomplit une transformation similaire, mais qui apparaît sous un aspect différent : la liberté juridique ou l'autonomie de la volonté.

TROISIÈME CONFÉRENCE

L'AUTONOMIE DE LA VOLONTÉ

L'autonomie de la volonté élément de la liberté en général — Textes du Code Napoléon et du Code argentin qui consacrent le principe. — Conséquences du principe dans le système civiliste. — Le sujet de droit. — Tout sujet de droit est un sujet de volonté. — Efforts désespérés et impuissants de beaucoup de juristes pour faire concorder cette conception avec les faits modernes. — La doctrine de la personne fictive. — Néant de cette doctrine. — Le mouvement associationniste. — Élimination de la notion de sujet de droit. — La protection juridique fondée sur l'affectation à un but, à une fonction sociale. — La notion de but dans la loi française du 1er juillet 1901 sur les associations.

Messieurs,

L'autonomie de la volonté humaine et le problème de la personnalité collective, tel est le titre général que je puis donner à cette conférence.

L'autonomie de la volonté, c'est, je l'ai déjà dit, un élément de la liberté en général ; c'est la liberté juridique et c'est en bref le pouvoir de l'homme de créer par un acte de volonté une situation de droit, quand cet acte a un objet licite. En d'autres termes, dans le système civiliste l'autonomie de la volonté est le pouvoir de vouloir juridiquement et par là même le droit que ce vouloir soit socialement protégé.

A l'autonomie de la volonté se rattache logiquement la question du sujet de droit, et par là même le problème de la personnalité collective : questions d'une importance capitale, et à propos desquelles s'accomplit une évolution tout à fait analogue à celle que j'ai décrite jusqu'à présent, une évolution dans le sens réaliste et socialiste[1].

Ici nous entrons au cœur même de notre sujet et la matière présente une très grande difficulté. Mais je n'ai pas cru devoir l'écarter

1. La question du sujet de droit et de la personnalité collective vient d'être récemment l'objet d'études importantes et intéressantes, dont voici les principales : MICHOUD, *Théorie de la personnalité morale*, 1re partie, 1906; SALEILLES, *De la personnalité juridique*, 1910; DEMOGUE, *Les notions fondamentales du droit privé*, 1911, spécialement le chapitre II intitulé : *La notion de sujet de droit*, p. 320 et suiv. ; A. LÉVI, *La société et l'ordre juridique*, 1911, spécialement le chapitre intitulé : *Le côté objectif et le côté subjectif du droit*, p. 244 et suiv. On trouvera une bibliographie plus détaillée dans mon *Traité de droit constitutionnel*, I, p. 2, 8 et 44.

parce que c'est le problème fondamental du droit moderne. Je m'excuse d'avance de l'aridité du sujet. Pour rendre mon exposition aussi claire que je le pourrai, je m'efforcerai de la présenter dans un ordre tout à fait didactique.

I

D'abord, précisons bien ce qu'est dans le système civiliste le principe de l'autonomie de la volonté et les conséquences qui s'y rattachent. Pour cela je ne peux mieux faire que de m'inspirer de diverses dispositions du Code civil argentin, qui, on le voit aisément, a été rédigé par un grand jurisconsulte, lequel a voulu faire à la fois œuvre théorique et pratique. Dans votre code, le système de l'autonomie de la volonté apparaît très nettement avec tous ses éléments. Il est aussi dans le Code Napoléon; il y est certainement, et c'est à notre Code que la plupart des législateurs modernes l'ont emprunté; mais le principe y est plutôt implicitement qu'expressément.

Les seuls articles qui le consacrent, et encore d'une manière obscure, sont les articles 6, 1134, § 1 et 1156 : « On ne peut déroger par des conventions particulières aux lois qui intéressent l'ordre public et les bonnes mœurs. — Les conventions légalement formées tiennent lieu de loi à ceux qui les ont faites. — On doit dans les conventions rechercher quelle a été la commune intention des parties contractantes plutôt que de s'arrêter au sens littéral des termes. »

Dans le Code civil argentin, je trouve au contraire une série d'articles qui formulent d'une manière extrêmement claire le principe et ses conséquences. C'est l'article 19 : « On peut renoncer aux droits conférés par la loi, quand ils ne touchent qu'à des intérêts individuels et que la renonciation n'est pas prohibée par la loi. » L'article 30 : « Sont personnes tous les êtres susceptibles d'acquérir des droits ou de contracter des obligations. » Et enfin, l'article 978 définissant l'acte juridique : « Sont actes juridiques les actes volontaires licites qui ont pour fin immédiate d'établir entre les personnes des relations juridiques : créer, modifier, transférer, conserver ou anéantir un droit. » Texte capital, remarquablement bien rédigé et qui, dans ses termes concis, résume toutes les conséquences de l'autonomie juridique. Les voici.

Au point de vue juridique sont personnes

tous les êtres susceptibles d'acquérir des droits. La personne est le sujet de droit, c'est-à-dire l'être titulaire de droits. Mais comme je crois avoir démontré que le droit subjectif ne peut être qu'un pouvoir de vouloir (reportez-vous à ce que j'ai dit dans la première conférence), il suit que tout sujet de droit est un sujet de volonté et que ne peut être sujet de droit qu'un être doué de volonté.

Un de mes collègues et amis, M. Michoud, a prétendu soutenir le contraire en partant de la définition donnée par Jhering : « Le droit subjectif est un intérêt socialement protégé. » Mais tout le système s'effondre puisque, je l'ai dit dans la première conférence, il est impossible de soutenir que le droit subjectif, même si on lui donne pour fondement l'intérêt, ne soit pas finalement un pouvoir de volonté [1].

Tout être ainsi doué de volonté a un ensemble de droits que la loi lui confère ou tout au moins lui reconnaît et qui forment son état, sa sphère juridique. Cela est très nettement marqué dans les articles 19 et 30 précités de votre code.

Ce sujet de droit a une volonté libre, autonome. En principe, il peut par un acte de

1. V. *supra*, p. 10, note 1.

volonté modifier sa sphère juridique, à la condition toutefois de vouloir une chose qui n'est pas prohibée par la loi. Il fait alors un acte juridique, c'est-à-dire un acte qui sera socialement protégé en tant qu'il est un acte de volonté ayant un objet non prohibé par la loi.

L'effet de cet acte sera de diminuer la sphère juridique d'un sujet de droit et d'accroître la sphère juridique d'un autre, de créer, comme le dit votre article 978, une relation juridique. Ainsi toute situation juridique se ramène à un rapport entre deux sujets de droit, c'est-à-dire deux sujets de volonté dont l'un est titulaire d'un droit et l'autre grevé d'une obligation.

Bref, la théorie de l'autonomie de la volonté, dans le système civiliste, se résume dans les quatre propositions suivantes :

1° Tout sujet de droit doit être un sujet de volonté.

2° Tout acte de volonté d'un sujet de droit est socialement protégé comme tel.

3° Il est protégé à la condition toutefois qu'il ait un objet licite.

4° Toute situation juridique est un rapport entre deux sujets de droit dont l'un est le sujet actif et l'autre le sujet passif.

Comme construction logique, c'est parfait.

C'est la déduction rigoureuse du système individualiste. Mais il y a un malheur : cette construction ne cadre plus du tout avec les faits. A un moment donné, ce système a pu avoir sa raison d'être. Il pouvait s'adapter à une société essentiellement individualiste, comme la société romaine et même les sociétés européennes et américaines au commencement du XIXe siècle. Mais il est en opposition absolue avec les tendances socialistes et associationnistes de notre époque. Alors les jurisconsultes, encore nombreux, qui sont restés fidèles à la conception individualiste et métaphysique, où ils voient un dogme intangible, font des efforts désespérés, des prodiges de subtilité pour faire entrer coûte que coûte dans ces vieux cadres trop étroits tous les faits si complexes du monde moderne.

C'est Bekker[1] qui imagine sa théorie si ingénieuse et si subtile du sujet de droit composé de deux éléments distincts : le *Genüsser* et le *Verfüger*, celui qui profite et celui qui veut ; c'est Gierke[2] qui emploie les trésors

1. *Zur Lehre vom Rechtssubjekt, Jarbücher für die Dogmatik*, XII, 1873, p. 1 et suiv.

2. *Genossenchaftsrecht*, 4 vol., 1881-1885 ; *Genossenchaftstheorie*, 1887 ; *Das Wesen der menschlichen Verbande*, 1902

d'une merveilleuse érudition pour établir la réalité de la personne collective. C'est Zitelmann[1] qui consacre les ressources d'une dialectique digne de Hégel pour démontrer la réalité de la volonté collective; c'est Jellinek qui fait une construction puissante du droit public fondée tout entière sur l'affirmation de la personnalité de l'État[2]. Ce sont en France, MM. Gény, Hauriou, Michoud, Demogue, Saleilles[3], ce dernier dont l'esprit si souple et si pénétrant tente une conciliation impossible entre la tendance réaliste et la tendance métaphysique. L'opposition est irréductible. Elle a été très bien mise en relief dans un article intéressant fait par M. Michoud à propos du 70e anniversaire de Gierke. Dans le *Festschrift*, offert à l'illustre jurisconsulte, M. Michoud écrit : « La bataille, sur le terrain du droit

Johannes Althusius und die Entwicklung der naturrechtlichen Staatstheorien, 1902.

1. *Begriff und Wesen der sogenannten juristichen Personen*, 1880.

2. *System öffentlichen Rechte*, 2e édit., 1905; *Allgemein Staatsrecht*, 2e édit., 1905. — Cf. Hölder, *Natürlichen und juristichen Personen*, 1905; Binder, *Das Problem der juristichen Persönlichkeit*, 1907; O. Mayer, *Die juristiche Person und ihre Verwertbarkeit im öffentlichen Recht*, 1908; Bernatzick, *Kritische Studien über den Begriff der juristichen Personen*, *Archiv des öffentlichen Rechts*, 1890, p. 159 et suiv.

3. *De la personnalité juridique, histoire et théories*, 1910.

public, est entre ceux qui cherchent à y conserver les vieilles conceptions du droit privé, celles de personnalité, de droit subjectif, de rapport juridique, et ceux qui, jugeant ces conceptions insuffisantes, arbitraires, trop purement formalistes, cherchent à leur substituer des notions plus proches de la réalité sociale[1]. » M. Michoud a raison. Mais la bataille ne se livre pas seulement sur le terrain du droit public; elle est aussi sur le terrain du droit privé. L'opposition est la même; ce sont les mêmes adversaires. La victoire complète du réalisme est proche. Il faut définitivement bannir tout concept métaphysique de la science juridique comme de toutes les autres ; le progrès juridique est à ce prix[2].

Nous allons reprendre chacun des quatre éléments du système civiliste de l'autonomie de la volonté et montrer par les faits comment il disparaît ou se transforme. Je suis d'ailleurs disposé à croire que notre législation et notre jurisprudence françaises sont un peu plus

1. Michoud, *La personnalité et les droits subjectifs de l'État dans la doctrine française contemporaine*, extrait du *Festschrift* de Gierke, 1911, page 493.

2. Voir l'appendice I, p. 179.

avancées que les vôtres dans ce domaine. Mais je ne connais pas assez votre jurisprudence pour pouvoir rien affirmer de positif. Vous êtes bien mieux placés que moi-même pour faire la comparaison.

II

La première proposition est ainsi formulée : tout sujet de droit doit être un sujet de volonté. Il suit de là évidemment qu'il n'y a de sujet de droit que là où il y a une volonté, et qu'un être quelconque n'est un être juridique, ne peut participer aux relations de droit que s'il est doué d'une volonté. Il n'y a de personnalité juridique que là où il y a volonté.

Tant que l'activité sociale a été surtout exercée par des personnes individuelles, le caractère artificiel de cette proposition, sa contradiction avec les faits n'ont pas apparu. Pour expliquer la personnalité juridique de l'enfant ou du fou, on disait : il y a en lui une volonté virtuelle ou potentielle, et cela suffit pour qu'il soit un sujet de droit.

Sans doute, il y a eu de tout temps, dans les sociétés les plus individualistes, certaines collectivités, auxquelles il fallait bien reconnaître l'activité juridique et dont il fallait bien garantir la situation. En elles on ne pouvait voir une volonté, même à l'état potentiel. Il y avait bien la volonté des individus constituant cette collectivité ou celle du fondateur; mais ces volontés individuelles ne pouvaient pas servir de support à la personnalité juridique de la collectivité elle-même. On imagina alors la fiction de la personne collective, et l'on dit : seuls les individus sont des personnes réelles; les collectivités n'ont pas une volonté distincte de celle de leurs membres; mais la loi peut dans sa toute-puissance leur accorder la personnalité juridique. Une collectivité ne sera dès lors une personne juridique que par une décision de la loi ou par une décision du gouvernement dans les cas où la loi lui a donné pouvoir à cet effet.

En tant que doctrine théorique, cette solution, connue sous le nom de théorie de la fiction, a été surtout formulée par Savigny[1]. Pendant longtemps elle était enseignée comme une sorte de dogme indiscutable, et du temps où je faisais mes études de droit, nos professeurs

1. *Traité de droit romain*, traduction Guenoux, II, p. 223 et suiv.

nous l'enseignaient comme une vérité d'évidence.

La plupart des législations adoptaient le système. C'était celui du Code Napoléon. C'est toujours celui de la législation argentine. Votre code contient toute une série de dispositions très précises, au reste très bien rédigées, et qui sont l'expression très nette et très complète de cette doctrine de la fiction. C'est par exemple l'article 31 : « Les personnes sont d'une existence idéale ou d'une existence visible. » L'article 32 : « Tous les êtres susceptibles d'acquérir des droits ou de contracter des obligations, qui ne sont pas des personnes d'existence visible, sont personnes d'existence idéale ou personnes juridiques. » Puis votre code énumère les principales personnes idéales, dont, d'après l'article 33, les unes ont une existence nécessaire, comme l'État, et dont les autres ont une existence possible, comme les établissements d'utilité publique, les corporations, les associations, les sociétés. Enfin voici l'article essentiel, l'article 45 : « L'existence des corporations, associations, établissements avec le caractère de personnes juridiques, commence du jour où ils ont été autorisés par la loi ou par le gouvernement avec approbation de leurs statuts, et la confirmation des évêques pour ceux qui ont le caractère religieux. » Ainsi, d'après votre législation, la collectivité n'a pas naturellement et en soi la personnalité juridique; elle ne peut l'avoir que par une décision expresse de la loi ou une concession du gouvernement.

Un pareil système peut subsister dans un pays où les associations sont relativement peu nombreuses. Chez vous, seules les corporations, les associations auxquelles le gouvernement confère la personnalité sont sujets de droit. Dans les pays où le mouvement associationniste est véritablement actif, cela serait impossible. Dans certains pays européens un mouvement associationniste d'une intensité prodigieuse existe depuis environ un demi-siècle et surtout depuis ces vingt dernières années. Alors a paru avec la plus entière évidence tout ce qu'avait d'artificiel, d'insuffisant, de contraire aux faits, le système de la fiction; il a été brisé comme un fétu de paille. Ce mouvement s'est produit d'une façon toute particulière dans trois pays européens, l'Allemagne, l'Angleterre et la France.

Le mouvement associationniste en France mériterait une étude particulière. Je n'ai pas le temps de la faire ; mais je tiens à dire que la réaction puissante contre l'œuvre de la Révolution française, dont je parlais dans une conférence précédente, s'est surtout manifestée dans ce mouvement associationniste. La Révolution avait cru que l'association était la négation même de la liberté individuelle ; et dans l'énumération des droits individuels, elle avait volontairement omis d'indiquer la liberté d'association. Elle avait même interdit d'une manière formelle une certaine catégorie d'associations, les associations professionnelles, par une loi qui est restée en vigueur jusqu'à la loi sur les syndicats professionnels du 21 mars 1884 : c'est la loi dite loi Le Chapelier du 27 juin 1791.

Mais toutes ces prohibitions législatives sont sans valeur ; les faits sont plus forts que les hommes, et tout le territoire français se couvre d'un vaste réseau d'associations, associations ouvrières, associations professionnelles de tout ordre, voire même associations de fonctionnaires, associations mutualistes, associations de bienfaisance, associations littéraires, scientifiques, artistiques. Il a bien fallu que de gré ou de force le législateur reconnaisse le fait accompli et consacre enfin législativement des institutions qui se sont naturellement et spontanément élaborées en dépit de dispositions prohibitives. C'est ainsi qu'en 1884, la loi reconnaît les associations ou les syndicats professionnels, en 1898 les sociétés de secours mutuels, et en 1901 enfin, la liberté générale d'association.

Il est vrai qu'une question tout à fait connexe de celle des associations se posait en même temps en France et a quelque peu faussé notre législation. C'est la question des congrégations; mais je n'en parlerai pas parce que sur ce point, et je le regrette, le droit a été dominé par la politique.

Un mouvement analogue à celui que je viens d'esquisser se produisait en même temps en Allemagne. Il frappe moins l'observateur, non pas parce qu'il est moins profond ou moins étendu, mais parce que la loi positive en Allemagne n'a jamais opposé aux associations et corporations la résistance intransigeante du législateur français. L'Allemagne comme la France s'est couverte d'associations et de corporations de tous genres. Et le mouvement n'est point prêt de s'arrêter.

Dès lors il a bien fallu se rendre à l'évidence. La protection juridique de l'activité collective ne peut pas dépendre de l'arbitraire du gouvernement; il faut de toute nécessité que toute collectivité, par cela seul qu'elle poursuit un but licite, puisse se constituer librement et trouve dans le droit objectif la protection assurée de ses actes. Et d'autre part le système de la fiction n'explique rien du tout. Car ou bien les collectivités n'ont pas une volonté distincte de celle de leurs membres, alors elles ne peuvent pas être sujets de droit, et la loi, quelque puissante qu'elle soit, ne peut pas faire qu'une chose qui n'est pas soit. Ou bien les collectivités ont en effet une volonté distincte de celle de leurs membres; alors elles sont par elles-mêmes des sujets de droit et l'intervention du législateur et du gouvernement est inutile; il n'y a point à leur donner une chose qu'elles ont déjà.

III

C'est pourquoi depuis quarante années environ a commencé dans le monde des juristes allemands et français l'effort le plus curieux certainement qui se soit produit dans l'histoire des doctrines juridiques, pour tenter d'expliquer et de démontrer qu'en dehors de toute intervention du législateur, la collectivité constituée en vue d'un but licite est certainement un sujet de droit, possède une personnalité juridique distincte de celle de ses membres.

J'ai déjà cité le grand nom de Gierke en Allemagne qui, dans deux ouvrages célèbres, *Le droit des associations* et *La théorie des associations*, a élaboré les éléments essentiels de cette théorie merveilleusement construite de l'organe juridique, qui devait être reprise, approfondie et précisée par Jellinek pour les collectivités de droit public. J'ai aussi cité le nom de Bekker avec sa théorie si ingénieuse de la complexité du sujet de droit, composé de deux éléments, celui qui profite (*Genüsser*) et celui qui agit (*Verfüger*). J'ai cité aussi Zitelmann qui, par de subtiles analyses, essaie de démontrer qu'il y a bien réellement dans toute collectivité une volonté distincte de celle des associés et qui sert de support à la personnalité juridique de la collectivité; il va même jusqu'à dire que si les fondations sont des sujets de droit, c'est que la volonté du fondateur, mort peut-être depuis des siècles, se survit à elle-même et constitue le sujet de droit.

En France, j'ai déjà parlé du vigoureux effort de mon collègue Michoud qui, dans son grand ouvrage intitulé *Théorie de la personnalité morale*, a tenté d'édifier toute une théorie de la personnalité collective, ingénieuse en apparence, mais qui finalement aboutit, ou bien à la thèse classique de la fiction, ou bien à la doctrine de Bekker combinée avec la théorie de l'organe de Gierke et de Jellinek [1].

1. Toute la doctrine de M. Michoud se ramène à ceci : le droit subjectif n'est pas un pouvoir de vouloir, il est simplement un intérêt protégé, « l'intérêt d'un homme ou d'un groupe d'hommes juridiquement protégé au moyen de la puissance reconnue à une volonté de le représenter et de le défendre » (*Loc. cit.*, p. 105). Par conséquent sera sujet de droit « tout être collectif ou individuel dont l'intérêt est ainsi garanti, alors même que la volonté qui le représente ne lui appartiendrait pas en propre au sens métaphysique du mot. Il suffit que cette volonté puisse lui être socialement ou pratiquement attribuée pour que la loi, sans s'écarter de son rôle qui consiste à interpréter les faits sociaux, doive la considérer comme la sienne » (*Ibid.*, p. 105). — Tout le système s'écroule s'il est vrai, comme je crois l'avoir démontré dans la première conférence, que le droit subjectif est forcément un pouvoir de volonté, même si on lui donne pour fondement l'intérêt. Cf. spécialement, *supra* la note 1 de la p. 10, et Duguit, *Traité de droit constitutionnel*, 1911, I, p. 2. — M. Michoud affirme qu'il faut une volonté, que cette volonté est socialement ou pratiquement attribuée à l'être collectif ou individuel sujet de droit, qu'elle est son organe, qu'elle ne fait qu'un avec lui. Alors, de deux choses l'une : ou bien il admet comme nous une volonté poursuivant un but protégé par la loi et il aboutit ainsi à nier le sujet de droit ; ou bien il maintient

C'est enfin mon cher collègue et ami Saleilles qui, dans un livre récent, fait une analyse très profonde, mais un peu découragée, de toutes ces doctrines. Saleilles est l'homme de la conciliation ; il s'efforce de démontrer qu'au fond toutes ces discussions n'ont pas grande importance. Il a raison ; elles n'ont même aucune importance. Mais je ne saurais cependant souscrire à sa conclusion générale : « Il semble bien, dit-il, que sur le terrain des doctrines, nous ne soyons plus séparés que par des malentendus qui subsistent. Et il suffirait de s'entendre sur les mots pour les dissiper ; c'est ce que j'ai essayé de faire[1]. »

Eh bien non ! Comme je le disais tout à l'heure, il y a une séparation complète, absolue, entre ceux qui persistent à maintenir dans le droit moderne la conception métaphysique surannée de sujet de droit, et ceux dont je suis

la notion de sujet de droit et alors il en fait une fiction, ou, comme Bekker, un élément complexe composé de l'élément qui profite et de l'élément qui veut, ce qui en réalité est encore une fiction. Il me paraît difficile que M. Michoud échappe à ce dilemme.

1. Saleilles, *De la personnalité juridique*, 1910, p. 663. Depuis que ces lignes ont été écrites, Saleilles a été frappé par une mort impitoyable et prématurée. Qu'il me soit permis d'exprimer ici mon affectueuse reconnaissance à l'ami, et mon admiration sans réserve au jurisconsulte.

qui affirment qu'il faut se placer en face des faits et rejeter toute conception d'ordre métaphysique et au premier chef celle de droit subjectif et de sujet de droit. Cette réserve faite, M. Saleilles a raison. Toutes ces controverses sont une gymnastique de l'esprit amusante, mais rien de plus. Elles sont sans objet pour cette bonne raison que la question qu'elles ont la prétention de résoudre ne se pose même pas[1].

IV

Les collectivités, associations, corporations, fondations, sont-elles ou ne sont-elles pas des sujets de droit par nature? Je n'en sais rien, et cela m'est totalement indifférent. Peuvent-elles ou non être titulaires de droits subjectifs? Je n'en sais rien et cela m'est encore totalement indifférent, pour cette bonne raison que, le droit subjectif étant une chose qui n'existe pas, le sujet de droit n'existe pas davantage. La seule question qui se pose est une question de fait. Une collectivité, association, corporation, fondation, poursuit-elle un

1. V. l'appendice II, p. 185.

but conforme à la solidarité sociale telle qu'elle est comprise à un moment donné dans le pays considéré et par conséquent conforme au droit objectif de ce pays? Si oui, tous les actes faits dans ce but doivent être reconnus et protégés juridiquement. L'affectation des biens à ce but doit être aussi protégée. Je n'ai point à savoir si la collectivité est ou n'est pas un sujet de droit capable d'être partie dans un acte juridique, mais seulement si le but poursuivi par la collectivité est conforme à l'interdépendance sociale, si l'acte considéré est ou non fait en vue de ce but. Je n'ai point à savoir si la collectivité est un sujet de droit susceptible d'être titulaire du droit de propriété. Le droit subjectif de propriété n'existe pas plus que les autres droits. Je dirai seulement que si des biens sont affectés à un but collectif reconnu conforme à la solidarité sociale, cette affectation doit être protégée. Je n'ai point à rechercher si l'individu qui veut et qui agit dans un but collectif est l'organe, le mandataire ou le préposé de la prétendue personne collective. Ce que l'on a amoncelé de subtilités inutiles est véritablement invraisemblable. La vérité toute simple est celle-ci : l'individu qui veut, déterminé par le but poursuivi par la collectivité, veut une chose conformément au droit, et son acte produira un effet qui devra être protégé, parce que le droit protège avant tout dans l'acte juridique le but qui le détermine, bien plutôt que la volonté elle-même. C'est d'ailleurs un point sur lequel je reviendrai assez longuement dans la prochaine conférence.

En un mot, nous revenons toujours au même fait, au fait de fonction sociale, à la notion réaliste de fonction sociale, qui remplace partout la conception métaphysique de droit subjectif. Les sociétés modernes ne se composent pas seulement d'individus, mais aussi de groupes. Les individus sont, je le veux bien, les cellules composantes de l'organisme social. Mais en même temps ils sont agglomérés les uns aux autres et forment des groupements. Chacun de ces groupements est chargé d'une certaine mission; il doit, lui aussi, accomplir une certaine besogne dans la division du travail social. Tout acte de volonté, qui tend à l'accomplissement de cette mission, à la réalisation de cette besogne, doit être socialement protégé.

L'acte de volonté reste un acte de volonté individuelle. De volonté collective il n'y en a point ou du moins personne ne peut affirmer qu'il y en ait. Parler de volonté collective des groupes, des régions, des communes, des corporations, des nations, c'est employer des termes abstraits et pas autre chose. La volonté individuelle déterminée par un but collectif reste individuelle. Le droit ne protège pas plus la volonté collective qu'il ne protège en réalité la volonté individuelle ; mais il protège et garantit le but collectif que poursuit une volonté individuelle.

Quels sont les groupes qui forment comme les centres nerveux des sociétés modernes? Est-ce par excellence la famille, comme le prétendent encore quelques-uns? Ne sont-ce pas plutôt les groupements professionnels, les classes sociales s'organisant en syndicats ? Je suis disposé à le croire. Mais c'est une question de sociologie pure que je ne veux pas étudier ici.

V

Les lois et les jurisprudences modernes entrent résolument, à l'insu peut-être de leurs auteurs, dans la voie que j'ai indiquée. Et cela est une preuve à la fois de l'idée que je viens de développer et de ce que je disais précédemment : le droit se forme spontanément à l'insu de ceux qui contribuent à l'élaborer et souvent malgré eux. Je ne peux prendre de meilleur exemple que la grande loi française du 1er juillet 1901 sur les associations, souvent appelée loi Waldeck-Rousseau, du nom du président du Conseil des ministres qui l'a fait voter. Pour la première fois en France, la constitution de 1848 avait proclamé le principe de la liberté d'association, proclamation un peu platonique, car plus de cinquante années s'écoulèrent sans qu'on fît une loi pour régler l'exercice de cette liberté fondamentale. L'obstacle principal à la confection d'une loi sur la liberté d'association fut, il est vrai, la question des congrégations. Mais malgré le silence, malgré même les prohibitions du législateur, le sol français, comme je le disais tout à l'heure, s'était en quelque sorte couvert d'associations de tous genres. Sous la pression des faits, le parlement français vota la loi sur les syndicats professionnels de 1884 et la loi sur les sociétés de secours mutuels de 1898. Il restait toujours à faire une loi générale sur la liberté d'association. Survint en 1898-99 l'affaire Dreyfus et le grand ébranlement qu'elle produisit dans le pays. Le rôle réel ou supposé, joué dans ces circonstances par certaines congrégations, donna prétexte au gouvernement de présenter un projet de loi tendant à imposer aux congrégations un régime draconien et, d'autre part, à organiser le principe de la liberté de toutes les associations, même religieuses, n'ayant pas le caractère de congrégations. Cela vous explique comment, dans cette loi de 1901, il y a deux parties absolument distinctes, le titre III, relatif aux congrégations et qui les soumet à un régime rigoureux de police, négation de toute liberté (je ne m'en occuperai point), et les titres I et II relatifs aux associations n'ayant pas le caractère de congrégations.

Une chose qui frappe tout d'abord quand on lit la loi, c'est que pas une fois ne s'y trouve l'expression traditionnelle de personnalité morale ou personnalité juridique. Sans doute on la rencontre encore souvent dans beaucoup de lois postérieures à la loi de 1901. Mais enfin il est notable que cette expression ne se rencontre point dans la loi fondamentale des associations, ce qui semble indiquer tout de suite que le législateur a rattaché à une autre notion que celle de la personnalité juridique (vous savez ce qu'elle vaut) la protection qu'il accorde aux associations licites. Cette exclusion des mots « personnalité juridique » n'est point d'ailleurs un simple hasard. En effet, ils se trouvaient dans le projet tel qu'il avait été déposé par M. Waldeck-Rousseau. On y donnait même une définition de la personnalité juridique que l'on qualifiait de fiction légale. Rien de tout cela n'a passé dans le texte définitif et c'est là une précieuse indication.

Si nous prenons le texte de la loi, à chaque article nous voyons apparaître la notion fondamentale du droit moderne, la notion de but; et cela est bien près de ce que j'expliquais tout à l'heure : ce que le législateur moderne protège, ce n'est pas la volonté collective de l'association qui n'existe pas, ce n'est pas sa personnalité qui n'existe pas davantage, c'est le but que poursuivent ses membres. L'article premier de la loi définit l'association et la distingue de la société par son but même : « L'association est la convention par laquelle deux ou plusieurs personnes mettent en commun d'une façon permanente leurs connaissances et leur activité dans un but autre que de partager des bénéfices. » Aux articles 2 et 3 on lit : « Les associations de personnes pourront se former librement sans autorisation ni déclaration préalable; mais elles ne jouiront de la capacité juridique que si elles se sont conformées aux dispositions de l'article 5. Toute association fondée sur une cause ou en vue d'un objet illicite, contraire aux lois, aux bonnes mœurs, ou qui aurait pour but de porter atteinte à l'intégrité du territoire national et à la forme républicaine du gouvernement est nulle et de nul effet. » Le rôle du but apparaît encore très nettement aux articles 6, § dernier, et 11, § 1 de la même loi : « Toute association régulièrement déclarée peut, sans aucune autorisation spéciale... 3° acquérir les immeubles strictement nécessaires à l'accomplissement du but qu'elle se propose. — Les associations (reconnues d'utilité publique) peuvent faire tous les actes de la vie civile qui ne sont pas interdits par leurs statuts ; mais elles ne peuvent posséder ou acquérir d'autres immeubles que ceux nécessaires au but qu'elles se proposent. » Ainsi partout, à chaque ligne, apparaît cette notion de but.

Et tout cela est en contradiction avec la personnalité juridique proprement dite ; car si une association avait la personnalité juridique, je ne vois pas pourquoi sa sphère d'activité juridique serait limitée à un but particulier.

Si la loi avait donné vraiment, par sa toute-puissance, la qualité de sujet de droit aux associations se constituant dans certaines conditions, cette limitation par le but n'aurait pas de raison d'être; elle serait tout à fait inexplicable[1]. Tout s'explique au contraire et paraît

1. C'est aussi à cette notion de but que se rattache la règle dite de la spécialité des personnes administratives (communes, départements, établissements publics, et peut-être l'État lui-même). Cette règle, introduite par la jurisprudence administrative, peut être considérée aujourd'hui comme définitive. Chaque patrimoine administratif est affecté par la loi à un ou plusieurs buts déterminés; seuls les actes juridiques faits conformément à ce but sont valables et produisent des effets. On voit que là encore la notion de personne est remplacée par la notion de but, que la loi protège non plus l'acte de volonté d'une prétendue personne collective, mais le but qu'a poursuivi légalement un administrateur compétent. Dans la doctrine de la personnalité collective, on est dans l'impossibilité de comprendre et d'expliquer cette règle de la spécialité. M. Michoud est obligé lui-même de le reconnaître et pour l'expliquer de faire intervenir au premier plan l'élément but, au risque de se mettre en contradiction avec l'ensemble de sa doctrine. Il écrit notamment : « Les partisans de la réalité de la personne morale sont obligés de l'admettre (la théorie de la spécialité), parce que cette réalité consiste dans l'existence d'un groupe humain poursuivant collectivement un intérêt déterminé. Cela seul suffit à faire pour elle du but quelque chose de différent de ce qu'il est pour l'individu. Il est pour elle une notion de droit beaucoup plus importante que pour lui. Le droit n'assigne pas à l'homme l'emploi qu'il doit faire des ressources juridiques mises à sa disposition. Il les assigne au contraire au groupe une fois constitué, parce que ces ressources sont destinées

limpide si l'on voit que le législateur, peut-être à son insu, est entré dans le grand courant du droit moderne. Sans autorisation préalable, des individus peuvent s'associer en vue d'un but licite. Le législateur au reste n'a point défini le but licite et il a fait sagement, cette notion étant essentiellement changeante et variant avec la conception que se forment chaque peuple et chaque époque de la solidarité sociale. Les actes de ces individus faits en vue de ce but sont juridiquement garantis et les affectations de richesse faites à ce but sont aussi juridiquement protégées. Voilà d'un mot tout le système de la loi; il est tout à fait réaliste et dégagé de toutes les entraves métaphysiques du régime civiliste.

Malheureusement le législateur français n'est pas allé jusqu'au bout. Il s'est laissé dominer par une crainte traditionnelle en France, la crainte de la mainmorte, c'est-à-dire la crainte de l'extension trop grande des patrimoines collectifs. Crainte absurde et en contradiction complète avec les faits. Dominé

à pourvoir à l'intérêt déterminé en vue duquel s'est formé le groupe » (*La Théorie de la personnalité morale*, 2e partie, 1909, p. 146). N'est-ce pas purement et simplement la théorie du but? Cf. Ripert, *Le principe de la spécialité chez les personnes morales*, 1906.

encore par cette superstition, le législateur de 1901 a interdit en principe aux associations les acquisitions à titre gratuit et il ne les permet qu'à celles qui ont obtenu la déclaration d'utilité publique par un décret du gouvernement. Mais cette restriction ne subsistera certainement pas; elle disparaîtra sous la pression des circonstances dans un avenir très prochain.

C'est ainsi que lentement mais sûrement disparaît ou disparaîtra, dans tous les pays parvenus au même degré de civilisation, la première conséquence qui se rattachait au principe métaphysique de l'autonomie de la volonté. Ici encore s'élabore une institution juridique nouvelle, d'une importance capitale, fondée toujours sur la notion réaliste de fonction sociale. Nous verrons dans la prochaine conférence que la même transformation s'opère pour les autres conséquences dérivant du principe de l'autonomie.

QUATRIÈME CONFÉRENCE

L'ACTE JURIDIQUE

L'autonomie de la volonté, l'acte et la situation juridiques. — La déclaration de volonté. — L'objet et le but de l'acte juridique. — Situations de droit qui ne sont pas des rapports entre deux sujets. — Les fondations privées par acte testamentaire. — La jurisprudence française.

Messieurs,

J'ai essayé de montrer, dans la dernière conférence, comment la première conséquence, dérivant dans le système civiliste de l'autonomie de la volonté, est aujourd'hui détruite par les faits et comment s'élabore dans le droit moderne, sur le fondement de la notion de fonction sociale, un système qui, tout en écartant l'idée de personnalité collective, reconnaît et protège l'activité et le patrimoine des collectivités, associations ou corporations.

De même aussi disparaissent ou se transforment du tout au tout les autres conséquences que nous avons rattachées au principe de l'autonomie : les notions d'acte et de situation juridiques. De même encore se transforme profondément une institution qui, dans le système civiliste, occupait une place éminente et qui, sans dériver nécessairement de l'autonomie de la volonté, lui était intimement unie : je veux parler du contrat.

Comment un système juridique nouveau se constitue en ce qui concerne l'acte juridique en général et le contrat en particulier; comment ce système nouveau se rattache toujours à la notion réaliste et socialiste de fonction sociale, tel sera l'objet de cette conférence et de la prochaine.

I

Je reprends les propositions formulées précédemment. D'abord, ai-je dit, dans le système civiliste, tout sujet de droit doit être un sujet de volonté. J'ai montré que cela n'était pas vrai, que la notion de sujet de droit disparaissait et que le droit moderne protégeait l'activité juridique des collectivités sans qu'on pût voir en elles des sujets de droit. J'ai dit en second lieu : dans le système civiliste, tout acte de volonté d'un sujet de droit est protégé comme tel.

C'est là un principe capital dans le système individualiste de nos codes et c'est la conséquence rigoureusement logique du système. Si l'on admet, en effet, comme dans la conception civiliste, que chaque individu a comme tel une certaine sphère juridique qui a pour fondement et pour mesure son pouvoir naturel de vouloir, et que le régime juridique d'une société est constitué par la combinaison des sphères juridiques des individus qui la composent, il en résulte logiquement que la volonté individuelle est toute-puissante, que la volonté individuelle, créatrice des sphères juridiques de chacun, peut en principe les modifier, et que par conséquent le droit objectif doit protéger en soi la volonté de chaque individu. Ainsi l'acte juridique se définit : tout acte de volonté ayant pour objet de modifier la sphère juridique d'un individu. C'est précisément la définition donnée par l'article 978 du Code civil argentin : « Sont actes juridiques les actes volontaires licites qui ont pour fin immédiate d'établir entre les personnes des relations juridiques, créer, modifier, transférer, conserver ou anéantir des droits. » C'est la volonté individuelle que l'on protège et par cela seul qu'elle est la volonté individuelle [1].

Les textes abondent qui prouvent que telle était bien la pensée des rédacteurs des codes civilistes. Je viens de citer l'article 978 de votre code. J'ai déjà cité les principaux textes du Code Napoléon dans la précédente conférence. Je n'y reviens pas; mais il en est un cependant sur lequel je dois appeler spécialement votre attention; c'est l'article 1156 : « On doit dans les conventions rechercher quelle a été la commune intention des parties plutôt que de s'arrêter au sens littéral des termes. » C'est incontestablement l'article qui formule le mieux le principe que c'est la volonté en soi, la volonté interne du sujet qui produit, par elle-même, l'effet de droit.

Assurément cela fut un progrès considérable

1. C'est ce que les jurisconsultes allemands ont appelé la théorie de la volonté ou la *Willenstheorie*. Elle a été surtout développée par Winscheid qui y apporte cependant quelques restrictions, mais que l'on consultera utilement. Voici au reste la définition de l'acte juridique donnée par le célèbre pandectiste : « L'acte juridique est une déclaration de volonté privée dirigée vers la création d'un effet juridique » (*Pandekten*, 7e édit., I, p. 166; on y trouvera l'indication de toute la bibliographie de la question). Cf. ENNECCERUS, *Rechtsgeschäft*, 1889 ; DEREUX, *De l'interprétation des actes juridiques privés*, 1905 ; DUGUIT, *L'État, le droit objectif et la loi positive*, 1901, p. 560 et suiv.

sur le formalisme du droit romain; et les auteurs du Code Napoléon, tout imprégnés d'individualisme, étaient tellement pénétrés de l'importance du principe qu'ils commirent la grave erreur de l'admettre, même pour le transfert de la propriété, pour la création des droits réels et de ne point établir la publicité de ces actes comme condition de leur validité.

Tout le droit moderne au contraire s'insurge contre le principe ainsi compris. Pour le transfert de propriété et la constitution des droits réels, partout s'est organisé un système savant qui en fait des actes vraiment sociaux, comme je l'expliquerai dans une des conférences suivantes. Mais ce n'est pas tout. Le droit moderne tend à admettre maintenant de plus en plus que, d'une manière générale, ce qui produit l'effet de droit, ce n'est pas, ce ne peut pas être l'acte interne de volonté, la volition, comme disent les psychologues, mais bien la manifestation extérieure de la volonté, la déclaration de la volonté, la *Willenserklärung*, suivant l'expression allemande.

Cela est encore une conséquence directe de la socialisation du droit. Tant que l'on n'a vu dans le droit objectif que la protection du sujet de volonté qu'est chaque individu humain, l'acte juridique était essentiellement l'acte de volonté interne du sujet de droit; et c'était cet acte de volonté interne que le droit protégeait. Mais du moment où l'on admet que la situation de droit n'a de valeur et ne mérite protection que lorsqu'elle correspond à un but social, que toute situation de droit n'a de force que dans la mesure où elle a un fondement social, elle ne peut naître que d'un acte qui a lui-même le caractère social; elle ne peut donc résulter que d'un acte de volonté externe, parce que tant que la volonté ne s'est pas manifestée à l'extérieur, elle est d'ordre purement individuel; elle ne devient un acte social que par sa manifestation.

C'est pourquoi le droit moderne tend de plus en plus à ne protéger que la volonté déclarée. Remarquez que je ne dis pas, comme on le fait quelquefois, que le droit moderne revient au formalisme du droit romain primitif. Point du tout. Le droit moderne n'exige pas que la volonté soit manifestée dans une forme déterminée, verbale ou par écrit. Il exige seulement que la volonté ait été exprimée et cela en une forme quelconque. Il ne peut protéger le seul acte de volonté interne.

D'autre part, jusqu'à présent du moins, il ne

serait pas exact de dire que le droit moderne tend à ne plus exiger que la déclaration, sans exiger derrière elle une volonté réelle. Il faut un acte de volonté; il n'y a d'acte juridique que s'il y a réellement volonté. Mais il est vrai que parfois cette volonté est plutôt tacite qu'explicite; et l'effet de droit semble se rattacher à un acte extérieur plutôt qu'à une volition interne.

Voici quelques-unes des principales conséquences pratiques qui résultent de cette conception nouvelle, laquelle dérive directement de la socialisation moderne du droit. Supposons qu'en fait la volonté réelle ne coïncide pas avec la volonté déclarée, qu'il y ait une différence en plus ou en moins, la partie pour laquelle existe un défaut de coïncidence pourra-t-elle obtenir que l'effet de droit produit soit celui qu'elle a réellement voulu et non pas celui qu'elle a déclaré vouloir? Dans le système traditionnel et classique cette preuve est possible. C'est ce que décide l'article 1156 du Code Napoléon : « On doit dans les conventions rechercher quelle a été la commune intention des parties contractantes plutôt que de s'arrêter au sens littéral des termes. » Dans le système nouveau de la déclaration de volonté, la partie n'est pas recevable à faire cette preuve. Elle peut bien prouver (et encore certaines décisions de la jurisprudence paraissent-elles lui refuser cette possibilité) qu'il n'y a pas eu acte de volonté; mais elle ne peut pas obtenir la reconnaissance d'effets qu'elle n'a pas déclaré vouloir, alors même qu'en réalité elle les ait voulus.

La jurisprudence française, jurisprudence civile et jurisprudence administrative, a fait déjà de notables applications de cette idée. Le code civil allemand, en vigueur depuis 1900 dans tout l'empire allemand, paraît même aller plus loin. Il semble décider que le déclarant n'est point admis à prouver qu'en réalité il n'a pas voulu certaines choses comprises dans sa déclaration et qu'en principe la déclaration tout entière produira ses effets. C'est la solution qui paraît ressortir de l'article 116 : « Une déclaration de volonté n'est pas nulle par cela seul que le déclarant se réserve secrètement de ne pas vouloir ce qu'il a déclaré. Elle est nulle lorsqu'elle doit être faite à un autre qui connaît la réserve. » Cependant il y a des difficultés nombreuses d'interprétation, dans le détail desquelles je ne peux pas entrer ici et je vous demande la permission de vous renvoyer au beau livre de mon ami et collègue Saleilles, *De la déclaration de volonté, contribution à l'étude de l'acte juridique dans le code civil allemand*, 1902. Il semble d'ailleurs que la solution du code civil allemand présente en pratique de nombreux et grands avantages [1].

1. M. Meynial, dans un article publié par la *Revue trimestrielle de droit civil* (1902, p. 545 et suiv.) à propos du livre de M. Saleilles (*De la déclaration de volonté*), résume très exactement et très clairement ce qui paraît bien être le point de vue du code civil allemand. « D'après lui, dit-il (p. 550), le fondement de l'acte juridique, ce qui préside à sa naissance et donne la mesure de sa portée, c'est la déclaration de l'agent et non pas la volonté que cette déclaration doit traduire. On ne tient compte de la volonté qu'autant qu'elle s'est traduite au dehors sous l'apparence d'une déclaration ; de cette déclaration il est logique de conclure toujours à l'existence de la volonté et de lui donner les mêmes effets, que la volonté qu'elle doit recouvrir existe ou non réellement. » — Voici quelques-unes des conséquences pratiques qui semblent résulter de cette conception. « D'abord, dit encore M. Meynial (*Ibid.*, p. 555), la substitution de la déclaration à la volonté interne comme base de l'acte juridique, réagit sur l'interprétation qu'il faut donner de cet acte ; le juge devra s'appliquer à découvrir, non plus ce que le déclarant a voulu dans son for intérieur, mais ce que sa déclaration autorise à croire qu'il a voulu. Secondement, avec la notion de la déclaration de volonté, la théorie classique de l'erreur et de ses conséquences dans les contrats disparaît ; sans doute l'erreur pourra avoir des conséquences, mais elles s'apprécient tout différemment. » M. Dereux dit exactement : « Dans ce qui est déclaré il n'y a plus à distinguer ce qui est cause, qualité substantielle, motif ; toutes ces distinctions reposant sur de subtiles analyses de volonté sont supprimées ;

II

Quoi qu'il en soit, je retiens ce premier point : avec la socialisation du droit moderne, ce qui

du moment que l'erreur porte sur un fait déclaré et est assez importante pour avoir déterminé le consentement, l'acte est annulable » (*De l'interprétation des actes juridiques privés*, p. 239), et M. Saleilles : « Le critérium, permettant de savoir si l'erreur sera prise en considération, n'est plus emprunté à la volonté interne qui précède l'acte de déclaration, mais au fait extérieurement perceptible de la déclaration ; ainsi l'indice de l'importance de l'erreur est soustrait au monde obscur des pensées intimes de celui qui s'est trompé, et il est attiré au grand jour du monde extérieur et sensible » (*De la déclaration de volonté*, p. 19). Cf. LEONHARD, *Der allgemeine Theil des B. G. B.*, p. 469 et suiv. — J'ai tenu à faire ces diverses citations. Elles montrent que si la théorie juridique de la déclaration de volonté n'est pas encore tout à fait achevée, néanmoins ses éléments sont nettement dessinés. Elles montrent aussi combien les solutions qui s'y rattachent s'éloignent de la conception classique de l'autonomie de la volonté, et M. Meynial a pu dire très justement : « Ce qui domine dans toutes les tentatives auxquelles je fais allusion, c'est qu'elles ont pour but et pour résultat de restreindre dans une mesure plus ou moins grande l'indépendance, l'autonomie de l'individu. Autrefois l'individu est tout dans le contrat ; c'est lui qui doit y suffire. Désormais, au contraire, on s'efforce de le montrer incapable... » (*Ibid.*, p. 556). Cf. FORTIER, *Des pouvoirs du juge en matière de contrats d'adhésion*, 1909, thèse Dijon.

Comme je l'ai dit au texte, certaines décisions de la jurisprudence française paraissent bien se rattacher directement à la théorie de la déclaration de volonté. M. Dereux (*Ibid.*, est protégé, ce n'est pas l'acte interne de volonté, c'est la déclaration de volonté, parce

p. 241), qui a longuement et remarquablement étudié tous ces points, dit que l'on pourrait citer de nombreuses décisions de la jurisprudence française qui ont comme illustré par avance le nouveau code allemand, que par exemple il a été jugé par la cour de Pau que l'erreur sur les qualités accidentelles ne peut être prise en considération que lorsque les parties ont formellement subordonné la convention à l'existence de ces qualités. Dans les longues pages qu'il consacre (*Ibid.*, p. 152 et suiv.) à l'interprétation des actes dits contrats d'adhésion, il cite de nombreux arrêts en matière de police d'assurance où l'assuré est reconnu lié par l'acceptation qu'il a faite en bloc des clauses de la police et n'est point recevable à prouver qu'il n'a point voulu en accepter quelques-unes. Cela n'est-il pas la reconnaissance que la déclaration de volonté lie l'individu alors même qu'elle ne correspond pas exactement à la volonté interne de celui-ci ? Il est vrai que d'autres arrêts procèdent à une interprétation différente des polices d'assurances. — La jurisprudence du conseil d'État nous montre une application intéressante de la théorie de la déclaration de volonté. Le conseil d'État déclare recevable et fondé le recours en annulation d'un acte administratif quand le demandeur établit que l'agent, tout en ayant fait un acte de sa compétence, a été déterminé par un but autre que celui que le législateur avait en vue en lui donnant cette compétence. Il y a alors ce que l'on appelle détournement de pouvoir. Mais le conseil d'État, juge du détournement de pouvoir, estime qu'il ne peut pas scruter la pensée interne de l'administrateur qui a fait l'acte et que la preuve du détournement de pouvoir doit résulter de documents émanés de l'administration elle-même. C'est bien décider que l'objet et le but de la volonté produisant l'effet de droit sont déterminés uniquement d'après le contenu de la déclaration de volonté et que le juge ne peut tenir compte que de la volonté déclarée de l'administrateur. Cf. HAURIOU et DE BÉque cela seulement est un acte social. J'ai dit (et c'était la troisième des propositions en lesquelles je résumais la doctrine civiliste de l'autonomie de la volonté) : l'acte de volonté est protégé à la condition toutefois qu'il ait un objet licite. Cela était la condition nécessaire et suffisante pour la protection juridique de l'acte de volonté.

Ce point est établi par de nombreux textes du Code Napoléon et du Code argentin, au premier chef par les articles 6 du Code Napoléon et 9 du Code argentin, les articles essentiels sur l'autonomie de la volonté. Ajoutons l'article 987 du Code argentin : « L'objet d'un acte juridique doit être des choses qui sont dans le commerce ou desquelles il n'est pas interdit pour un motif spécial qu'elles soient l'objet d'un acte juridique, ou des faits qui ne sont ni impossibles, ni illicites, ni contraires aux bonnes mœurs. » La forme négative donnée à ce texte montre bien que la seule condition nécessaire pour qu'un acte de volonté produise un effet de droit, c'est qu'il ait un objet licite.

ZINE, *De la déclaration de volonté en droit administratif*, *Revue trimestrielle de droit civil*, 1903, p. 543 ; JÈZE, *Principes généraux du droit administratif*, p. 61, note 3 ; DUGUIT, *Traité de droit constitutionnel*, I, p. 221 et suiv.

La solution était la même d'après le Code Napoléon. Sans doute, l'article 1108 exige outre l'objet « une cause licite dans l'obligation », et les articles 1131 à 1133 sont placés sous cette rubrique : *De la cause*. L'article 1131 porte : « L'obligation sans cause, ou sur une fausse cause, ou sur une cause illicite, ne peut avoir aucun effet. » Mais les commentateurs se creusent le cerveau depuis un siècle pour savoir ce qu'ont entendu les rédacteurs du code par le mot cause, et des civilistes classiques, comme M. Planiol, déclarent que la cause se confond avec l'objet, que par exemple dans un contrat bilatéral comme la vente, la chose et le prix sont respectivement la cause et l'objet des obligations du vendeur et de l'acheteur, que dans un contrat de prêt, la cause, c'est la remise de la chose prêtée par le prêteur à l'emprunteur, ce qui est en même temps l'objet de l'obligation de l'emprunteur, que dans les actes à titre gratuit on ne peut aucunement parler de cause, que finalement dans l'acte juridique on ne doit considérer que l'objet [1].

1. M. Planiol écrit : « La théorie de la cause telle que la doctrine française l'a construite, a un double défaut : 1° elle est fausse au moins dans deux cas sur trois, 2° elle est inutile » (*Droit civil*, II, n° 1037). Cela n'est guère contestable. M. Planiol le démontre en quelques pages très clairement.

Mais voici qu'apparaît toute une jurisprudence dans laquelle, au grand étonnement de

Avant lui Laurent avait déclaré « que la théorie du code civil sur la cause n'est pas juridique..., et que la loi a tort de distinguer la cause de l'objet et d'en faire une quatrième condition essentielle pour la validité des contrats » (*Droit civil*, XVI, n° 111.) Les mêmes idées ont été longuement et remarquablement développées dans plusieurs thèses de doctorat. Cf. notamment, ARTUR, Paris, 1878; BRISSAUD, Bordeaux, 1879; TIMBAL, Toulouse, 1882; SÉFÉRIADÈS, Paris, 1897. — Au point de départ de la théorie de la cause, qu'on a voulu édifier sur quelques textes du Code Napoléon, il y a une contradiction qui se trouve au code lui-même et qui a tout vicié. L'article 1108 indique les quatre conditions « essentielles pour la validité d'une convention » et parmi elles « une cause licite dans l'obligation ». Ainsi la cause de l'obligation serait une condition essentielle du contrat. Ce que le code a en vue, ce serait donc, non pas une cause du contrat, mais une cause de l'obligation ; et cependant cette cause de l'obligation, laquelle obligation peut naître de tout autre acte que d'un contrat, serait un élément de formation du contrat. Cela n'a pas de sens; et cependant c'est sur ce terrain que l'on bataille depuis plus d'un siècle. Il est évident que l'on ne peut pas parler de la cause *finale* d'une obligation, mais seulement de la cause *efficiente* de l'obligation ou plus exactement de la source de l'obligation. On ne peut parler de cause *finale* que pour un acte de volonté; or l'obligation n'est pas un acte de volonté, mais une situation juridique produite par un acte de volonté et ayant un certain objet, constitué par la prestation qui doit être accomplie. On ne peut donc parler en effet que de l'objet de l'obligation. Mais la déclaration de volonté qu'est l'acte juridique est forcément, comme tout acte de volonté, *déterminée* par un motif; et ce motif déterminant doit avoir forcément des conséquences sur la valeur et sur les effets de cette déclaration. Les discussions et les controverses des juristes n'y changeront rien. Si par *cause* on nos civilistes classiques, on voit intervenir au premier plan un autre élément, l'élément but, et la valeur sociale de cet élément. Pour qu'un acte de volonté puisse produire un effet de droit, il faut bien toujours qu'il ait un objet licite. Mais cela ne suffit plus : il faut encore qu'il soit déterminé par un certain but, que ce but soit un but de solidarité sociale, un but ayant une valeur sociale, conformément au droit objectif du pays considéré. Et cela est encore une conséquence évidente de la socialisation du droit.

Voilà un nouvel élément qui pénètre dans le droit traditionnel et y apporte une transformation profonde. Vous savez tous que c'est l'illustre Jhering qui, le premier, a montré l'importance éminente du but social dans le droit en général et le droit moderne en parti-

entend le motif déterminant d'un acte de volonté, il y a une *cause* et qui a une importance d'ordre juridique. Mais incontestablement, le mot *cause* est mauvais et provoque beaucoup de confusions; il faut dire : le *but* ou le *motif déterminant*, non point de l'obligation, mais de la déclaration de volonté, support de l'acte juridique. C'est ainsi certainement, on le verra dans les exemples donnés aux notes suivantes, que la jurisprudence française, consciemment ou non, entend la *cause*. — Cf. BAUDRY-LACANTINERIE et BARDE, *Des obligations*, 3e édit., 1906, p. 332 et suiv.

culier, public et privé, cela dans l'admirable premier volume de son ouvrage célèbre *Der Zweck im Recht* (*Le but dans le droit*).

Il y aurait de longs développements à présenter sur le rôle du but dans le droit et particulièrement dans l'acte juridique. Je me bornerai à quelques observations et à quelques exemples.

D'abord, quelle différence y a-t-il entre l'objet et le but d'un acte juridique ? La même différence qu'entre l'objet et le but d'un acte de volonté, puisque malgré la condition de la déclaration de volonté, dans un acte juridique il y a toujours un acte de volonté. L'objet de l'acte de volonté ou de l'acte juridique, c'est ce que l'on veut. Je veux par exemple qu'un tel devienne débiteur d'une certaine chose ou d'une certaine prestation, voilà l'objet de la volonté. Le but, c'est la raison pour laquelle on veut ; la raison pour laquelle je veux que telle obligation naisse, que telle situation juridique se forme, la raison pour laquelle je veux qu'un tel devienne débiteur d'une certaine prestation.

Qu'on admette ou non le libre arbitre (et c'est là un problème d'ordre métaphysique que je me garderai bien d'aborder), dans tout acte de volonté, il y a un motif déterminant et cela est précisément le but de l'acte juridique qu'est l'acte de volonté considéré.

Jhering donne pour distinguer le but et l'objet un exemple très simple et très saisissant. Je veux boire un verre de vin. L'objet est boire un verre de vin. Pour m'enivrer ou pour apaiser ma soif, voilà le but. Or il est d'évidence que l'acte de volonté qui a le même objet a une valeur bien différente suivant que c'est l'un ou l'autre de ces deux buts qui le détermine.

Il serait aisé de montrer par de très nombreux exemples comment les jurisprudences modernes, et particulièrement la jurisprudence française, contrairement à la doctrine classique, font entrer de plus en plus l'élément but dans l'appréciation des actes juridiques. Je ne citerai que quelques exemples caractéristiques.

Prenons un contrat bien fréquent, le contrat de prêt d'argent. Dans la doctrine traditionnelle, si l'argent a été remis par le prêteur à l'emprunteur, celui-ci est obligé ; il y a un objet licite, et si avec le Code Napoléon on veut parler de cause, elle existe du moment où il y a eu remise des deniers prêtés. Le contrat se forme *re* et il est valable quel que soit le but qu'ont eu les parties en faisant un prêt. Cela nous était enseigné autrefois sans discussion. Or, de nombreux arrêts décident aujourd'hui que si le prêt a été fait dans un but contraire à l'ordre public ou aux bonnes mœurs, par exemple pour installer une maison de prostitution, il ne produira pas d'effet juridique[1].

Autre exemple : l'article 1965 du Code Napoléon, qui a son similaire dans l'article 2089 du

1. Cela a été jugé très nettement dans un arrêt du 1er avril 1895 par la Chambre des requêtes de la Cour de cassation française ; en voici le sommaire : « Est nulle l'obligation contractée par l'emprunteur d'une somme d'argent dans le cas où l'emprunt a eu pour cause (pour motif déterminant) dans la commune intention des parties, l'acquisition d'une maison de tolérance » (Sirey, 1896, I, p. 289). L'arrêtiste, M. Appert, est tout étonné de cette décision. Il n'hésite pas à déclarer que la Cour suprême s'est trompée (*Note, ibid.*, p. 289, col. 1). Il n'aperçoit pas qu'au contraire la Cour de cassation très justement attribue au but, au motif déterminant, la valeur qu'il doit avoir pour tout acte juridique dans la conception moderne du droit. Depuis 1895 d'ailleurs, la Cour suprême a plusieurs fois affirmé sa jurisprudence dans le même sens. Le 17 juillet 1905 notamment, elle décide que les parties qui ont chacune pris part à une convention immorale et illicite, dans l'espèce la cession d'une maison de tolérance, en exécution de laquelle des billets ont été souscrits et négociés, ne sont recevables à demander en justice, ni le paiement du prix stipulé ni la restitution de ce qui a été payé » (Sirey, 1909, I, p. 188). Rap. dans le même sens, une décision du Tribunal de l'Empire (Allemagne) du 21 janvier 1903 : « Est nul, comme ayant un but illicite, le contrat contenant un prêt d'argent et une vente de fournitures en vue de l'ouverture et de l'exploitation d'une maison de tolérance » (Sirey, 1905, IV, p. 15).

Code argentin, porte : « La loi n'accorde aucune action pour une dette de jeu ou le paiement d'un pari. » Mais cette disposition ne s'applique évidemment dans ses termes qu'à la dette de jeu elle-même et autrefois on décidait unanimement que le prêt contracté afin de se procurer de l'argent pour jouer était parfaitement valable et produisait tous ses effets. Aujourd'hui, au contraire, il est de jurisprudence constante que le prêt est sans effet civil lorsqu'il a été fait dans l'intention de se procurer et de procurer de l'argent pour jouer. On décide même que cette intention est établie lorsque le prêt a été fait dans l'endroit où l'on joue ou dans un endroit très voisin et particulièrement par des gens qui ont pour profession de prêter aux joueurs[1].

1. La Cour de cassation l'a décidé très nettement dans un arrêt du 4 juillet 1892 dont voici le sommaire : « L'action doit être refusée à celui qui, ayant prêté au joueur, au cours d'une partie de jeu, des fonds qui y étaient destinés et qui ont servi à l'alimenter, a ainsi concouru sciemment et intentionnellement à l'acte illicite que la loi désavoue » (SIREY, 1892, I, p. 513, avec le rapport de M. le conseiller Lepelletier). Les civilistes classiques repoussent naturellement cette solution. M. Baudry-Lacantinerie dit notamment : « Le prêt fait au joueur pour lui permettre de jouer (est-il valable)? On a soutenu qu'un semblable prêt est nul comme ayant une cause illicite. Cette manière de voir se réfute par les considérations que nous avons émises sur la

Troisième exemple : le Code Napoléon contient un article 900 qui a soulevé beaucoup de controverses et dont je n'ai pas trouvé le correspondant dans le Code argentin : « Dans toutes dispositions entre vifs ou testamentaires, les conditions impossibles, celles qui seront contraires aux lois ou aux mœurs seront réputées non écrites. » Ce texte ne fait point la distinction entre la condition et la charge, distinction que l'article 592 de votre code fait très exactement. Je ne m'arrête pas d'ailleurs sur ce point extrêmement intéressant, mais très délicat.

Pendant longtemps la jurisprudence française, lorsqu'une disposition testamentaire était accompagnée d'une clause dont l'objet était illicite ou immoral, n'hésitait pas, en invoquant le texte de l'article 900, à valider le legs et à effacer la clause illicite ou immorale. Par exemple les legs assez fréquents d'une somme d'argent à un légataire, sous la condition qu'il ne se marie pas ou ne se remarie pas, étaient considérés comme purs et simples. Aujourd'hui

distinction de la cause et du motif » (*Droit civil*, 10e édit., 1909, II, p. 735). Malgré ces critiques, la Cour de cassation a maintenu sa jurisprudence. Cf. Arrêt du 31 juillet 1907, confirmant un arrêt de la Cour d'appel de Bordeaux, SIREY, 1911, I, p. 622.

une jurisprudence nouvelle très ferme s'établit, d'après laquelle les juges doivent rechercher dans chaque cas quel a été le but qu'a poursuivi le disposant, quel a été le motif déterminant. Si par exemple il a voulu faire un legs à quelqu'un afin d'éviter qu'il ne se marie ou ne se remarie, il a été déterminé par un but qui est illicite, peut-être même immoral, en tous cas antisocial et son acte est par les tribunaux déclaré sans valeur[1].

Enfin, je regrette de n'avoir pas le temps de vous exposer en détail l'application de la notion de but faite par le Conseil d'État français avec

1. Aujourd'hui la jurisprudence de la Cour de cassation et des Cours d'appel est constante et peut être considérée comme définitivement établie. Elle déclare nuls tout legs et toute donation subordonnés à une condition impossible, immorale ou illicite, quand celle-ci doit être considérée comme la *cause* impulsive et déterminante de la libéralité. Il vaudrait mieux dire le *motif déterminant*; mais le sens n'est pas douteux. Cf. notamment arrêts de la Cour de cassation, 26 mai 1894, Sirey, 1896, I, p. 129; 8 mai 1901, Sirey, 1902, I, p. 8; 17 juin 1905, Sirey, 1906, I, p. 174; 9 mai 1905, Sirey, 1907, I, p. 335. Le type des civilistes classiques, M. Baudry-Lacantinerie, critique naturellement encore cette solution : « Nous avons vu, dit-il, qu'une donation ne peut avoir d'autre cause que la pensée de gratifier le donataire, une pensée de libéralité par conséquent ; d'où il suit qu'une donation ne peut jamais avoir une cause illicite. Nous ne saurions adhérer, au moins dans les termes, à la jurisprudence de la cour » (*Droit civil*, 1910, 10e édit., III, p. 555).

son admirable jurisprudence sur le détournement de pouvoir. La haute assemblée annule, sur la demande de tout intéressé, un acte administratif d'une autorité administrative quelconque, depuis le président de la République jusqu'à l'agent administratif le plus humble, quand cet acte, ayant d'ailleurs pour objet une chose de la compétence de son auteur, est cependant déterminé par un but autre que celui qu'avait la loi en lui donnant cette compétence[1]. Ainsi notre Conseil d'État est parvenu à supprimer complètement l'acte qu'on appelait autrefois l'acte discrétionnaire et dont les auteurs de droit administratif considéraient l'existence comme une sorte de dogme.

III

J'ai formulé une quatrième et dernière proposition dérivant du principe de l'autonomie de la volonté : « Toute situation juridique se ramène à un rapport entre deux personnes, entre deux sujets de droit, dont l'un est le sujet passif, et l'autre le sujet actif. »

1. Cons. Duguit, *Traité de droit constitutionnel*, I, p. 224, avec les arrêts et la bibliographie qui y sont donnés.

S'il est un dogme dans la doctrine traditionnelle civiliste, c'est bien celui-là. Déjà les jurisconsultes romains parlaient du *vinculum juris* et les auteurs les plus récents, dominés encore par la doctrine individualiste, M. Michoud par exemple[1], écrivent : « Les notions premières sur lesquelles opère la science du droit, telles par exemple que les notions de droit subjectif, de sujet actif ou passif de droit, d'objet du droit, s'il est exact qu'elles n'ont pas en elles-mêmes de réalité objective, on doit cependant admettre qu'elles nous sont pratiquement indispensables. » J'ai montré qu'en effet dans la doctrine de l'autonomie, impliquée par le système individualiste, la situation de droit ne peut se concevoir que comme un rapport entre deux sujets. L'article 978 de votre code le dit, nous l'avons vu, expressément. Sans doute, quelques civilistes ont prétendu que la situation juridique du propriétaire, et, d'une manière générale, pour me servir de la terminologie habituelle, la situation juridique du titulaire d'un droit réel fait exception, que le droit réel n'implique point un rapport entre deux sujets de droit, qu'il s'exerce directement sur la chose,

1. *La théorie de la personnalité morale*, 1re partie 1906, p. 10.

sans qu'il y ait de sujet passif. Mais M. Planiol, dont l'ouvrage, d'ailleurs très remarquable, a été un effort désespéré pour sauver de la ruine le système civiliste et individualiste, n'a pas eu de peine à démontrer que c'était là une contradiction certaine avec le principe du système et que la situation juridique du propriétaire, du titulaire d'un droit réel, doit s'analyser en un rapport entre le sujet actif titulaire du droit et un sujet passif qui est ici toute personne s'opposant à l'exercice du droit[1].

Je reconnais aisément que souvent, le plus souvent même, dans le fait, la situation nous apparaît sous la forme d'une relation entre deux personnes, dont l'une doit une prestation négative ou positive et dont l'autre peut l'exiger. Mais dans nos sociétés à tendance socialiste, cela n'est point nécessaire. Parfois des situations existent qui demandent protection, qui doivent être garanties par la loi, bien qu'il n'y ait point de rapport entre deux sujets, bien qu'on n'aperçoive et qu'il ne puisse y avoir qu'une obligation s'imposant à une volonté, et qu'il n'y ait point, qu'il ne puisse

1. Planiol, *Droit civil*, I, n°s 762 et 763. — Cf. cependant, Capitant, *Introduction à l'étude du droit civil*, 1898, p. 39 et suiv.

y avoir de droit correspondant. Il y a là une situation qui doit être juridiquement protégée parce que par hypothèse il y a eu un acte de volonté déterminé par un but social et que la solidarité sociale est directement intéressée. Comme je l'écrivais en 1900, dans mon livre *L'État, le droit objectif et la loi positive* : « En résumé, une situation juridique n'est pas un rapport entre deux sujets... Il n'y a point à rechercher les deux termes d'un rapport qui n'existe pas, mais simplement s'il y a eu un acte de volonté déterminé par un but conforme au droit objectif » (p. 183).

Ne croyez pas que ce que je dis là soit une simple vue de l'esprit. C'est une réalité qui nous apparaît dans beaucoup de faits et particulièrement dans la législation allemande et la jurisprudence française relativement aux fondations privées faites par disposition à cause de mort, lesquelles deviennent de plus en plus nombreuses.

Je prends l'exemple le plus simple : je lègue un million de piastres pour créer un hôpital, ou, comme dans une affaire qui a fait en France, il y a quelques années, beaucoup de bruit, l'affaire du testament des frères Goncourt, je lègue une certaine somme pour créer une académie littéraire. Il est hors de doute que d'après le droit civiliste une pareille disposition testamentaire est caduque. Les auteurs classiques, comme M. Baudry-Lacantinerie, ne discutent même pas la question. Une pareille disposition est caduque en vertu d'abord de l'article 906, § 2 du Code Napoléon, d'après lequel pour qu'une disposition testamentaire soit valable, il faut que le bénéficiaire soit au moins conçu au moment du décès du testateur. Or, l'hôpital n'existe point comme personne au moment du décès ; il n'existera que lorsqu'il aura été créé par le gouvernement ; et cela sera nécessairement postérieur au décès. D'autre part, la disposition est nulle parce qu'il est impossible qu'un rapport de droit prenne naissance. Tout legs valable fait naître un rapport de droit entre l'héritier qui doit le montant du legs et le légataire qui en est créancier. Ici on voit bien le sujet passif, c'est l'héritier; mais on ne voit pas le sujet actif : il n'y a point de légataire au moment du décès.

Or une pareille solution que beaucoup de civilistes osent cependant encore défendre, est inadmissible. Le testateur dans les hypothèses prévues et dans toutes celles similaires poursuit un but de solidarité sociale au premier chef; il faut donc protéger et garantir socialement son acte de volonté. Il faut, coûte que coûte, en dépit des textes prohibitifs surannés, en dépit des doctrines étroites et vieillies, reconnaître et sanctionner la validité d'une pareille disposition. Les subtilités des juristes traditionnalistes resteront impuissantes et le droit nouveau s'établira malgré eux. Mais on se récrie et on dit: « Vous créez alors des droits sans sujet; c'est monstrueux. » Je réponds : « Je ne crée rien du tout; c'est le droit objectif qui se forme spontanément et vient garantir un acte de volonté déterminé par un but social; je ne crée point de droit sans sujet, puisque tout cela se passe sans qu'intervienne la notion de droit subjectif, sans qu'on prononce une seule fois ce mot, et puisque dans la réalité, on l'a démontré plus haut, il n'y a ni droit subjectif ni sujet de droit.

Déjà le code civil allemand, dans l'article 80, décide : « Pour établir une fondation ayant capacité juridique, il faut, outre l'acte de fondation, l'approbation de l'État confédéré dans le ressort duquel la fondation doit avoir son siège. Si elle ne doit pas avoir son siège dans un État conféré, il faut l'approbation du *Bun-*

desrath. » Il reconnaît ainsi, ou plutôt il suppose la validité des fondations testamentaires. Il est vrai que la fondation ne peut être organisée qu'avec l'autorisation du gouvernement. Mais l'important, c'est que le legs soit valable ; et sa validité est reconnue comme s'il était fait à une institution existant au moment du décès du testateur et ayant à ce moment la personnalité juridique.

En France, à cet égard s'est formée une jurisprudence très intéressante, une jurisprudence administrative et une jurisprudence judiciaire qui sont arrivées, malgré les lois existantes, malgré l'opposition des civilistes classiques, à valider et à permettre de réaliser les fondations privées et cela sans réserve. Je n'ai pas le temps de l'analyser en détail ; je rappellerai d'un mot l'affaire du testament des frères Goncourt, dont le tribunal de la Seine et la Cour de Paris ont reconnu la validité. Ils consacraient leur fortune à la création d'une académie littéraire. On soutenait que cette disposition était caduque parce qu'elle était faite au profit d'une personne qui n'existait pas au moment du décès. Nos tribunaux ne se sont point arrêtés à cette objection périmée. Ils ont reconnu la validité du testament, et aujourd'hui l'académie existe et fonctionne; elle a fait connaître des écrivains distingués, notamment, Claude Farrère, l'auteur des *Civilisés* et de *La Bataille*.

La Cour de cassation, dans une affaire moins célèbre, a donné la même solution. Elle est allée même plus loin, puisque son arrêt implique que l'héritier devra assurer le fonctionnement de la fondation, même si le gouvernement n'intervient pas pour lui donner la personnalité civile; et l'on peut considérer que cet arrêt fixe définitivement la jurisprudence [1].

1. Le testament de M. Edmond de Goncourt qui déclarait qu'il était en même temps l'interprète de la volonté de son frère Jules, instituait pour légataires universels MM. Alphonse Daudet et Léon Hennique, avec charge de vendre tous ses biens et d'en affecter le produit à la création d'une société littéraire de dix membres avec 6 000 francs de rente annuelle à chacun et l'obligation de décerner à une œuvre littéraire chaque année un prix de 5 000 à 10 000 francs. Les héritiers naturels prétendaient que ces dispositions devaient être annulées parce qu'elles étaient faites à une personne inexistante par l'intermédiaire de personnes interposées. La Cour d'appel de Paris, confirmant un jugement du tribunal de la Seine du 5 août 1897, décide, par un arrêt du 1er mars 1900, « qu'il y a lieu de déclarer valables, au fond comme en la forme, les dispositions testamentaires d'Edmond de Goncourt ». Le tribunal et la cour décident qu'il n'y a pas personne interposée, « considérant que l'interposition de personnes n'est une cause de nullité qu'autant que la personne appelée à recueillir la libéralité

J'ai ainsi montré comment, sur les quatre points que j'ai indiqués, s'accomplit une trans-

des mains du testateur par l'intermédiaire de l'interposé est ou incapable ou inconnue; que dans l'espèce Alphonse Daudet et Léon Hennique sont les seuls légataires institués ». L'argument ainsi présenté ne valait rien, car la personne qui doit profiter est ici non seulement incapable, mais inexistante; c'était l'académie, qui assurément n'existait pas au moment du décès du testateur. Il est vrai que le Tribunal et la Cour ajoutaient que « sans doute le désir du testateur est que sa fortune passe à la société..., que cette société n'ayant pas encore d'existence à son décès est incapable en ce sens qu'elle ne peut recevoir de lui; mais qu'au cas où elle viendrait à naître légalement elle recevra les biens, non du testateur, mais des légataires eux-mêmes » (Sirey, 1905, II, p. 78). En réalité le tribunal et la cour faisaient inconsciemment l'application de la théorie du but; leurs considérants étaient en contradiction certaine avec les principes traditionnels du Code Napoléon. — Deux ans après, la Cour de cassation devait aller plus loin encore. En 1900 la Cour de Paris reconnaissait que la fondation ne pourrait s'organiser et fonctionner que par l'intervention de l'autorité publique lui donnant la personnalité par la reconnaissance d'utilité publique; elle ajoutait du reste que cela ne touchait pas à la validité du legs. En 1902, la Cour suprême va jusqu'à admettre que l'institution charitable fondée par un testateur peut fonctionner à titre d'institution privée sans reconnaissance d'utilité publique. M. Graule, rentier à Finestret (Pyrénées-Orientales), avait fait un testament par lequel il chargeait ses légataires universels de fonder à Finestret une œuvre hospitalière pour les vieillards pauvres; il réglait lui-même l'organisation de l'hospice ainsi fondé. Les héritiers naturels attaquent la disposition comme faite à une personne incertaine par interposition de personnes. La Cour de Montpellier d'abord et la Cour de cassation ensuite reconnaissent la régularité et la validité de cette fondation. Les arguments donnés ne sont pas bien formation profonde, toujours dans le même sens, le sens socialiste, et se rattachant toujours au même fait, la fonction sociale, à la même notion, le but social. Mais nous n'avons pas achevé cependant de montrer ce que j'ap-

bons, parce que la Cour suprême n'ose pas rejeter toutes les vieilles conceptions et se placer en face de la réalité. Cependant je relève ceci dans l'arrêt : « Attendu qu'on ne saurait considérer les charges et clauses sus-rappelées comme étant constitutives d'une mainmorte prohibée par la loi, qu'elles tendent simplement à organiser une œuvre de bienfaisance licite en soi, susceptible de devenir un établissement d'utilité publique, mais qui, tant qu'elle n'aura pas été reconnue comme tel, subsistera comme institution privée suivant les règles du droit commun » (Sirey, 1905, I, p. 137 avec les remarquables conclusions de M. le Procureur général Baudoin et la note de M. Lévy-Ullman). Cet arrêt a incontestablement une grande portée, car non seulement il reconnaît la validité des fondations privées par acte testamentaire, mais encore il décide que tant qu'il n'y aura pas reconnaissance d'utilité publique, « l'œuvre de bienfaisance, licite en soi, subsistera comme institution privée ». Je demande où sera alors la personne titulaire du patrimoine affecté à cette œuvre de bienfaisance. La vérité, c'est que la jurisprudence arrive fatalement à sanctionner et à protéger l'affectation d'une richesse à un but licite, sans que, quoi qu'on fasse, on puisse trouver un sujet de droit. — Sur les fondations, cons. notamment Geouffre de Lapradelle, *Théorie et pratique des fondations perpétuelles*, 1895 ; Lévy-Ullman et Grunebaum-Ballin, *Essai sur les fondations par testament*, *Revue trimestrielle de droit civil*, 1904, p. 253 et suiv. ; Coquet, *Les fondations privées*, 1908 ; Saleilles, *Rapport* présenté à la commission nommée par la Société d'études législatives pour l'étude de la question des fondations, *Bulletin de la Société*, 1906, p. 467 ; Larnaude, *Rapport* sur les fondations, présenté à l'assemblée pellerai la dislocation du système juridique fondé sur l'autonomie de la volonté. Il est une autre conception qui, sans être une conséquence nécessaire du principe d'autonomie, s'y rattache cependant d'une manière intime : c'est le contrat et la règle de nos codes qu'en principe, la situation de droit ne peut naître que d'un contrat, à moins qu'il n'y ait une disposition expresse de la loi.

Là aussi s'accomplit une transformation profonde qu'il nous faut étudier. Ce sera l'objet de la prochaine conférence.

générale de la Société d'études législatives, *Bulletin de la Société*, 1909, p. 26, et les longues discussions dans les diverses réunions de la Société, *ibid.*, pp. 64, 93, 124, 237, 285, 311 et les diverses communications faites à la Société, pp. 75, 82, 161, 172, 179, 184, 188, 267.

CINQUIÈME CONFÉRENCE

LE CONTRAT ET LA RESPONSABILITÉ

Dans le système civiliste classique seul le contrat peut en principe donner naissance à une situation de droit. — C'était la conséquence logique de la conception individualiste fondement du système civiliste. — Notion romaine et civiliste du contrat. — Actes juridiques qui ne sont pas des contrats. — Actes dits contrats d'adhésion. — Actes du particulier qui use d'un service public conformément à la loi du service. — Actes dits contrats collectifs. — Concession de service public. — Acte dit contrat collectif de travail. — Les conventions-lois. — L'article 1382 du Code Napoléon et le principe civiliste de la responsabilité. — La responsabilité subjective pour faute et la responsabilité objective pour risque. — La responsabilité objective n'atteint que les groupes. — La responsabilité pour les accidents ouvriers. — La responsabilité des services publics.

Messieurs,

Je disais en terminant ma dernière conférence qu'il est une institution juridique qui, sans être une conséquence nécessaire du principe d'autonomie, s'y rattache cependant d'une manière intime. C'est le contrat et la règle de nos codes, qu'en principe la situation de droit ne peut naître que d'un contrat, à moins qu'il n'y ait une disposition expresse de la loi qui lui donne naissance. Vous savez la place qu'occupe cette institution du contrat dans tous les codes civilistes et la place encore considérable, je le reconnais volontiers, qu'elle occupe dans les relations des individus, des groupes et des peuples.

Mais cependant dans ce domaine apparaît aussi une transformation profonde, du même ordre que celle que nous avons étudiée jusqu'à présent, dérivant du même principe et évoluant dans le même sens. La règle que le contrat seul peut en principe créer une situation de droit n'est plus exacte. A côté du contrat apparaissent des catégories nouvelles d'actes juridiques, que les civilistes veulent à tort faire rentrer de gré ou de force dans le vieux cadre du contrat, mais qui sont en réalité des actes tout à fait différents, qui sont peut-être des actes unilatéraux. C'est ce que je voudrais montrer dans la première partie de cette conférence, après quoi j'essayerai de mettre en relief la transformation connexe qui s'accomplit en matière de responsabilité.

I

Dans le système civiliste il était parfaitement logique que seul le contrat pût créer une situation de droit. En effet, si la sphère juridique de chaque individu a pour fondement et pour mesure la volonté de celui-ci, et si toute situation de droit est une relation existant entre deux individus, dont l'un est le sujet actif et l'autre le sujet passif, il faut évidemment l'accord de leurs deux volontés pour modifier en plus la sphère juridique de l'un, en moins la sphère juridique de l'autre. En un mot, comme toute situation juridique est un rapport entre deux personnes, elle ne peut naître que d'un rapport entre deux volontés. Puisqu'elle est un lien entre deux personnes, elle correspond nécessairement à un lien formé entre deux volontés.

Le principe est très nettement impliqué dans le Code Napoléon et dans tous les codes qui en dérivent. Il venait du droit romain et avait été constamment affirmé par tous les jurisconsultes comme un dogme intangible. On ne faisait exception que pour les actes par décès et encore fallait-il l'acceptation de l'héritier pour qu'il fût obligé. En ce qui concerne les actes entre vifs on ne faisait exception que pour quelques cas très rares dans lesquels on ne pouvait pas nier la naissance de l'obligation ; mais dominé par le dogme du contrat on l'expliquait en disant que les choses se passeraient comme s'il y avait eu un contrat, que l'obligation naissait *quasi ex contractu.*

L'auteur très distingué que j'ai déjà cité plusieur fois, M. Planiol, défenseur convaincu de la doctrine individualiste, affirme qu'il n'y a que deux sources d'obligations, le contrat et la loi [1]. Évidemment dans la doctrine traditionnaliste c'est logique : en dehors du contrat, c'est-à-dire de l'accord de deux volontés modifiant leurs sphères juridiques respectives, il n'y a que la loi omnipotente qui puisse créer une situation de droit nouvelle.

1. Après avoir rappelé que dans l'opinion traditionnelle et d'après le texte du Code Napoléon, il existe cinq sources distinctes d'obligations, le contrat, le quasi-contrat, le délit, le quasi-délit et la loi, M. Planiol ajoute : « Cette classification ne doit pas faire illusion ; sans être entièrement fausse, elle est tout au moins superficielle, sa nomenclature est vicieuse, et elle ne répond qu'indirectement à la réalité. A vrai dire, toutes les obligations dérivent de deux sources seulement : le contrat et la loi... En l'absence d'un contrat, la naissance d'une obligation ne peut avoir d'autre cause que la loi » (*Droit civil*, II, n°s 806 et 807).

Ce n'est pas tout. Le contrat avait reçu du droit romain une structure très forte et très rigide qu'il a conservée dans nos codes modernes. Sans doute, le nombre des contrats n'est plus aujourd'hui limité comme dans le droit romain; les conventions sont libres, et, suivant la formule du Code Napoléon (art. 1134, § 1) et du Code argentin (art. 1231), elles tiennent lieu de lois entre les parties, à la condition, bien entendu, qu'elles aient un objet licite. Sans doute la formule n'est pas bonne et, si j'avais le temps, je montrerais pourquoi; mais elle marque bien la force créatrice du contrat. Pour avoir cette force et être un contrat, l'acte doit réunir des conditions qu'avait déterminées la jurisprudence romaine, rentrer dans le cadre qu'avaient si fortement tracé les Gaius et les Papinien et qui s'est transmis intact jusqu'aux écrits de Dumoulin et de Pothier et aussi jusqu'aux grandes rédactions législatives du XIXe siècle.

Ce cadre nous est toujours donné par la formule de la stipulation romaine : *Spondes-ne*? promets-tu. —*Spondeo*, je promets. Sans doute il n'y a plus besoin de paroles sacramentelles. Aucune forme matérielle spéciale n'est imposée. Mais il faut toujours deux volontés individuelles qui entrent en contact, dont l'une est disposée à promettre de faire quelque chose et dont l'autre est disposée à devenir bénéficiaire de la prestation promise; et le contat ne naît que lorsque ces deux volontés après négociation, après prise de contact, se sont mises d'accord sur l'objet de l'acte. Voilà essentiellement ce qui constitue le contrat. C'est un accord sur un certain objet après le contact de deux volontés individuelles. Comme on dit quelquefois: pour qu'il y ait contrat, il faut que l'acte de volonté de l'une des parties soit déterminé par l'acte de volonté de l'autre [1].

II

Quand ces diverses conditions ne sont pas réunies, on peut affirmer qu'il n'y a pas contrat au sens du droit romain et du système civiliste. Il peut y avoir concours de volontés, mais

1. Cf. Triepel, *Völkerrecht und Landesrecht*, 1899 et suiv.; Schlossmann, *Der Vertrag*, 1876; Isay, *Willenserklärung im Thatbestande der Rechtsgeschäft*, 1899; Dereux, *Étude sur les diverses conceptions actuelles du contrat*, *Revue critique*, 1901, p. 513 et 1902, p. 105; Hauriou, *Principes de droit public*, 1910, p. 159 et suiv.; Duguit, *Traité de droit constitutionnel*, I, p. 242 et suiv.

il n'y a pas contrat. On peut donner à ce concours de volontés le nom de contrat; mais on désigne alors d'un même nom des choses différentes et c'est naturellement une source de confusions et d'erreurs. Or, dans la vie des sociétés modernes, nous apercevons beaucoup de cas où la situation juridique prend naissance, bien que l'acte duquel elle découle n'ait point véritablement le caractère que je viens de déterminer. A cela rien d'étonnant, puisque la nécessité d'un contrat pour donner naissance à une situation de droit se rattachait à cette idée que la situation de droit est toujours un rapport entre deux volontés. Du moment où l'on reconnaît que la situation de droit n'a pas toujours ce caractère, on reconnaît par là même qu'elle peut naître d'actes qui n'ont pas le caractère du contrat au sens civiliste.

Mais la plupart des jurisconsultes dominés par la conception traditionnelle, au lieu de voir dans tous ces actes, que ne connaissait pas le droit civiliste, des formes juridiques nouvelles, au lieu de les analyser comme telles, ont voulu coûte que coûte les faire rentrer dans le vieux cadre étroit du contrat; et, comme pour la personnalité collective, ils ont fait des efforts de subtilité scolastique prodigieux pour démontrer que tous ces actes nouveaux se ramènent finalement à des contrats. Naturellement ils n'y sont pas arrivés; ils ne pouvaient pas y arriver, parce qu'ils ne pouvaient pas démontrer qu'une chose, qui n'était pas réellement un contrat, le fût. Au reste, eux-mêmes ils ont reconnu le fait en ajoutant une épithète au mot contrat, épithète qui eût été évidemment complètement inutile, si c'était vraiment un contrat. C'est ainsi qu'ils nous parlent de contrats d'adhésion, de contrats de guichet, de contrats collectifs, de contrats de collaboration, toutes choses qui ne sont point des contrats.

Il y aurait là une étude de détail très intéressante à faire, mais à mon très vif regret je n'en ai pas le temps et je me bornerai à donner quelques exemples.

III

Le cas le plus simple de ce que beaucoup de jurisconsultes appellent le contrat d'adhésion [1],

1. Sur les contrats d'adhésion, cons. notamment DEREUX, *Revue trimestrielle de droit civil*, 1910, p. 503 et suiv. (M. Dereux fait, entre les clauses essentielles et les clauses accessoires, une distinction que je ne goûte pas beaucoup);

c'est celui que tout le monde connaît, celui du distributeur automatique. L'industriel ou l'administration qui établit dans un endroit public un distributeur de ce genre crée par là un état de fait tel que tout individu, qui place dans l'appareil la pièce de monnaie demandée, devient créancier de l'objet annoncé sur le dit appareil ou de la restitution de la pièce de monnaie. On dit : il y a un contrat d'adhésion parce que celui qui use du distributeur adhère à un certain état de fait et que c'est précisément cette adhésion qui constitue le contrat.

Je ne nie pas cela ; je ne conteste pas qu'il y ait en effet adhésion à un état de fait. Mais je prétends que c'est une erreur de vouloir ramener l'acte dont je parle au contrat classique.

FORTIER, *Des pouvoirs du juge en matière de contrat d'adhésion*, 1909, Thèse, Dijon ; HAURIOU, *Notes* sous Conseil d'État, 23 mars 1906 (Dlle Chauvin), SIREY, 1908, III, p. 17, et 17 mai 1907 (Cie transatlantique), SIREY, 1908, III, p. 137. M. Hauriou dit très justement : « Le contrat d'abonnement n'est qu'un contrat d'adhésion et peut-être même faudrait-il supprimer le mot contrat et dire un acte d'adhésion à un service organisé... Les actes d'adhésion n'ont de contractuel que le nom ; ce sont des adhésions à des actes de nature réglementaire » (SIREY, 1908, III, p. 18, col. 3 et p. 19, col. 3). Cons. aussi SALEILLES, *De la déclaration de volonté*, 1901, p. 230 ; DOLLAT, *Les contrats d'adhésion*, p. 133 et suiv. ; la note de M. Bourcart sous Cassation, 4 janvier 1910, SIREY, 1911, I, p. 521. M. Bourcart appelle les contrats d'adhésion des pseudo-contrats.

Nous n'avons point ici deux volontés en présence l'une de l'autre, entrant en contact et s'accordant. Les deux volontés ne se connaissent point et n'arrêtent point par un accord les conditions du prétendu contrat. Nous avons une volonté qui, en effet, a établi un état de fait et non point une situation juridique individuelle, un état de fait d'ordre général et permanent, et une autre volonté qui veut profiter de cet état de fait. En réalité, la situation de droit subjectif naît de la volonté unilatérale de celui qui, usant de l'appareil distributeur, veut créer une situation juridique et le veut légalement et efficacement parce qu'elle le veut conformément à un état reconnu légal. D'accord de volontés je n'en vois point ; je n'aperçois qu'une déclaration unilatérale de volonté.

J'en dirai autant et même peut-être d'une manière plus affirmative de l'acte de tout individu qui, voulant user d'un service public, paie la taxe déterminée par la loi de ce service. L'exemple le plus caractéristique est celui que chacun de nous donne chaque jour, quand il affranchit une lettre et la met à la poste. Les civilistes nous disent qu'il se forme alors un contrat entre l'État transporteur et l'expéditeur, un contrat de transport qui doit être régi par le droit commun du contrat de transport. C'est à mon sens une vision tout à fait erronée des choses. Il n'y a point de contrat, mais en réalité un acte unilatéral et seulement un acte unilatéral de la part de l'expéditeur. La loi du service public a établi un état de droit tel que tout individu peut vouloir juridiquement que, moyennant une somme fixée par cette loi, un objet soit transporté d'un endroit à un autre. Il y a là un régime légal; en mettant sa lettre à la poste l'expéditeur veut légalement, conformément à la loi du service; son acte de volonté doit être protégé. Ce serait un drôle de contrat que celui où les deux parties sont liées d'avance et ne peuvent en aucune façon déterminer les clauses de la convention. Tout s'explique au contraire si l'on voit là un acte unilatéral produisant un effet parce qu'il est conforme à la loi du service[1].

1. Voyez cependant Gény (*Des droits sur les lettres missives*, 1911, I, p. 52), qui, après une longue discussion, déclare qu'il n'hésite pas à dire « que cette situation est régie en principe et de droit commun par un véritable contrat de droit civil. » Je crois avoir réfuté d'avance cette opinion dans mon article de la *Revue du droit public*, 1907, p. 411 et suiv., ma communication au Congrès des sciences administratives de Bruxelles, 1910, le tome I de mon *Traité de droit constitutionnel*, p. 106. Cf. outre les notes de M. Hauriou citées à la note précédente, Jèze, *Revue du droit public*, 1909, p. 48. — Sur la même question pour les colis

Ne croyez pas d'ailleurs que ce soient de simples subtilités et des considérations purement théoriques. Aussi bien ne serait-ce que cela, il importerait d'éclairer ces points ; car, on l'a dit très justement, il est toujours très important d'avoir des idées théoriquement exactes. Mais l'intérêt pratique apparaît évident. S'il y a un contrat de transport, la responsabilité de l'État transporteur devra être appréciée d'après le droit commun du contrat de transport ; elle est purement contractuelle. Au contraire, s'il y a tout simplement l'acte unilatéral d'un administré qui veut user, conformément à la loi, d'un service public établi dans l'intérêt de tous, on se trouve en présence d'une question de responsabilité de service public envers les particuliers, question dont la solution se rattache à un ordre d'idées tout à fait différent et qu'à mon grand regret je ne puis étudier ici.

IV

Les actes nouveaux les plus intéressants qui apparaissent dans les relations juridiques

postaux, cf. deux arrêts de la Cour de Bordeaux, 8 juillet 1909, Sirey, 1911, II, p. 233, avec une note très intéressante de M. Ferron.

modernes sont ceux que l'on a appelés tout à fait inexactement les contrats collectifs. L'expression contient une contradiction en soi. En effet, le contrat est par nature et par définition chose essentiellement individuelle; je l'ai montré tout à l'heure. Contrat et caractère collectif sont deux éléments qui s'excluent. L'erreur qu'ont commise les juristes en donnant à ces actes le nom de contrat collectif, ils l'aggravent en voulant coûte que coûte les faire rentrer dans le cadre traditionnel du contrat.

Il y a deux ans, une société, qui compte les plus savants juristes de France, magistrats, conseillers d'État, professeurs, la *Société d'études législatives*, voulut entreprendre d'établir un projet de loi sur le contrat collectif de travail, qui pût servir de guide aux Chambres, quand elles voudraient légiférer sur ce point. Une commission prépara un avant-projet en s'inspirant directement des principes généraux du droit civil sur les contrats. Son travail ne tenait pas debout et quelqu'un fit justement observer que le vice irrémédiable du projet, c'était de rattacher cette forme nouvelle d'acte à la vieille forme du contrat, quand elle présentait un caractère absolument différent. En fait le projet de la commission ne résista pas à la discussion[1].

Si je voulais caractériser en deux mots ces actes appelés tout à fait inexactement contrats collectifs, je dirais que ce sont des conventions-lois. Il vaut la peine de donner quelques explications à ce sujet.

Le contrat collectif, dans les relations modernes, apparaît surtout dans deux actes : la concession de service public et le contrat collectif de travail.

La concession, d'une manière générale, est l'acte par lequel une collectivité publique, État, province, ville, charge un particulier, en général une compagnie, qui l'accepte, d'assurer conformément à des conditions fixées le fonctionnement d'un service public. Ces actes, malgré des différences de détail, se rencontrent dans tous les pays modernes, avec les mêmes caractères généraux essentiels. Ils interviennent aujourd'hui surtout pour l'exploitation des services publics de transports, chemins de fer, tramways, autobus, et aussi pour l'éclai-

1. Voyez les rapports faits à la Société d'études législatives par M. Colson, *Bulletin*, 1907, pp. 180 et 505; les notes de MM. Morin, Barthélemy-Reynaud, *Bulletin*, 1907, pp. 208 et 421 ; de M. Saleilles, *Bulletin*, 1908, p. 79; la discussion, *Bulletin*, 1907, p. 532 et suiv., 1908, p. 82 et suiv.

rage des villes par le gaz ou l'électricité.

Les concessions sont certainement des conventions. Elles contiennent un élément qui a le caractère contractuel au sens rigoureux : c'est celui qui règle uniquement les rapports de la collectivité concédante et du concessionnaire, par exemple toutes les clauses financières. Mais les actes de concession contiennent en outre, et c'est même l'élément le plus important, une série de dispositions qui intéressent des tiers, le public, par exemple toutes celles qui déterminent les conditions d'exploitation, les tarifs, et aussi celles qui fixent les conditions de travail des ouvriers et employés du concessionnaire. Ces dernières clauses se trouvent en Europe dans beaucoup de traités de concessions ; et en France, en vertu du décret Millerand du 10 août 1899, elles doivent être nécessairement insérées dans tous les marchés passés par l'État.

Quel est le caractère de ces clauses ? Les juristes civilistes ont été bien embarrassés de le déterminer. Ces clauses touchent directement en effet des personnes étrangères au contrat, le public, les voyageurs, les abonnés du gaz et de l'électricité, les ouvriers, qui, évidemment, ne sont pas parties au prétendu contrat de concession. Or, il est de principe que les contrats n'ont d'effet qu'entre les parties contractantes, qu'ils ne nuisent ni ne profitent aux tiers. Le Code Napoléon, art. 1165, est formel; de même le Code civil argentin, art. 1229 et 1233. Ce dernier vaut la peine d'être cité : « Les contrats ne peuvent être opposés à des tiers, ni invoqués par eux, si ce n'est dans les cas des articles 1195 et 1196. » Et ce sont en effet ces dispositions et celles analogues des articles 1120 et 1121 du Code Napoléon sur la stipulation pour autrui que les civilistes ont invoquées pour expliquer les clauses des concessions dont je parle. D'une manière générale ces textes permettent d'insérer dans un contrat une clause au profit d'un tiers, laquelle produira ses effets lorsque celui-ci l'aura acceptée.

J'estime que ces textes n'expliquent rien du tout et sont absolument étrangers au problème des concessions. Ils permettent en effet d'insérer dans un contrat une clause spéciale ayant un objet déterminé et précis, et créant pour un tiers, quand il l'aura acceptée, une créance ou une dette. Mais ce n'est point ce qui a lieu au cas de concession. L'acte, le cahier des charges, comme nous disons en France, ne contient pas une clause spéciale au profit ou à la charge d'une personne déterminée ; il contient une série de dispositions par voie générale, qui règlent d'avance le régime, auquel seront soumis les actes qui interviendront entre le concessionnaire et les ouvriers et employés, entre le concessionnaire et les particuliers qui useront du service public.

Il n'y a point là une stipulation pour autrui, il y a seulement la formule de la règle de droit qui s'appliquera à une série d'actes individuels postérieurs.

Eh bien ! qu'on le veuille ou non, cela est tout simplement une disposition légale. C'est une disposition par voie générale, et cela est le propre de la loi. C'est la loi du service public qui est établie ainsi conventionnellement. Ce n'est point la théorie générale des contrats qu'il faut appliquer ; elle est dépassée. Elle a été faite pour régir des rapports individuels. Or, ici nous sommes en présence d'un acte qui règle le fonctionnement d'un service public. Vous conviendrez que c'est tout à fait différent.

Tout cela a des conséquences pratiques extrêmement importantes que je n'ai pas le temps de développer ici. J'ai essayé d'en montrer les principales dans une communication faite au mois d'août 1910 au Congrès des sciences administratives de Bruxelles. Elles consistent essentiellement en ce que le particulier, l'employé, l'ouvrier, à l'égard duquel le concessionnaire ou l'administration ne respectent pas les dispositions du cahier des charges, sera armé de toutes les voies de droit qui, dans le pays considéré, appartiennent aux intéressés pour obtenir l'application des lois sur le fonctionnement des services publics [1].

V

Le contrat collectif de travail se présente dans des conditions un peu différentes en fait; mais ses caractères juridiques sont analogues à ceux du contrat de concession. Je ne crois pas que dans ce pays vous en ayez encore de

1. Sur le caractère des concessions de service public et les conséquences qui en résultent, cons. DUGUIT, *Revue du droit public*, 1907, p. 411 ; JÈZE, même revue, 1909, p. 49 et 1910, p. 270 ; ROLLAND, même revue, 1909, p. 520; les conclusions de M. Tardieu pour arrêt du Conseil d'État du 6 décembre 1907 (*Grandes compagnies de chemins de fer*), *Recueil*, p. 913 et SIREY, 1908, III, p. 1 ; les conclusions de M. Blum pour arrêt du Conseil d'État du 11 mars 1910 (*Compagnie des tramways de Marseille*), *Recueil*, p. 97 et *Revue du droit public*, 1910, p. 270 avec l'intéressant article de M. Jèze déjà cité, sur la nature juridique de la concession de travaux publics.

nombreux exemples. En Europe, en Angleterre et en France il est souvent employé, si bien que notre Chambre des députés a été saisie par le gouvernement de deux projets de loi sur ce point [1]. J'estime au reste que le moment n'est pas encore venu de légiférer à cet égard.

L'hypothèse dans laquelle intervient le plus souvent le contrat collectif de travail est celle-ci : une grève éclate, par exemple une grève d'ouvriers maçons. La grève prend fin à la suite d'une entente intervenue entre le syndicat des entrepreneurs de maçonnerie et le syndicat des ouvriers maçons, d'après laquelle il est convenu que désormais, dans la ville ou dans la région, les contrats de travail individuels d'ouvriers maçons seront faits à des conditions déterminées au point de vue du montant du salaire, de la durée du travail, etc.

1. Projets déposés par M. Doumergue, ministre du commerce, le 7 juillet 1906 et par le ministère Briand, le 11 juillet 1910. — Sur le contrat collectif de travail, cons. Truchy, *Revue d'économie politique*, 1905, p. 858 ; Jay, même revue, 1907, p. 561 et 649 ; Nast, *Des conventions collectives relatives à l'organisation du travail* (thèse 1907); Passama, *Les conventions collectives relatives aux conditions du travail*, 1908 ; Barthélémy-Reynaud, *Le contrat collectif de travail*, thèse, 1901 ; et les travaux et discussions de la Société d'études législatives indiqués à l'avant-dernière note, surtout les rapports de M. Colson.

Qu'une pareille convention soit légale, c'est incontestable. Elle a un objet licite; elle est déterminée par un but de solidarité sociale si jamais il en fut. Quels effets produira-t-elle? Je n'en vois pas d'autres que ceux-ci. Si un patron embauche des ouvriers à des conditions différentes de celles portées au contrat collectif de travail, ce contrat individuel de travail sera nul. Mais dans quel cas pourra-t-on et quelles personnes pourront demander cette nullité?

Si le patron embauche des ouvriers qui ne faisaient pas partie du syndicat au moment où est intervenu le contrat collectif ou qui s'en sont retirés depuis, est-ce que le contrat de travail individuel fait avec eux en violation du contrat collectif est nul? Si le patron qui faisait partie du syndicat, qui a fait le contrat collectif, sort du syndicat, est-il toujours obligé par ce contrat? Les ouvriers individuellement peuvent-ils demander la nullité d'un contrat individuel contraire au contrat collectif, ou seul le syndicat le peut-il? Le syndicat ouvrier seulement, ou aussi le syndicat patronal?

Voilà autant de questions importantes et délicates. Pour les résoudre, les civilistes, qui veulent coûte que coûte maintenir la notion traditionnelle de contrat, n'ont trouvé d'autre moyen que de faire intervenir ici le principe du mandat. En ce qui concerne la concession, ils avaient invoqué la stipulation pour autrui. Ici ce n'était pas possible; ils n'avaient que le mandat.

Le contrat collectif, disent-ils, intervient entre deux syndicats; il ne peut produire d'effet qu'à l'égard de ceux qui peuvent être considérés comme ayant donné un mandat tacite au syndicat de traiter en leur nom. Par conséquent le contrat collectif ne peut produire d'effet à l'égard de ceux, ouvriers ou patrons, qui ne faisaient pas partie du syndicat au moment où il a été conclu. D'autre part, le mandat est de sa nature toujours révocable; nul n'est tenu de rester dans un syndicat. Patrons et ouvriers sont donc toujours libres de sortir du syndicat et de faire cesser en ce qui les concerne l'effet du contrat collectif. Autant dire que le contrat collectif ne produit aucun effet. C'est à ce point de vue-là cependant que s'est placée la Société d'études législatives, dont je parlais tout à l'heure. Elle s'est débattue dans les difficultés, les contradictions; et elle s'est trouvée, comme c'était forcé, dans l'impossibilité d'aboutir.

Le contrat collectif est une catégorie juridique toute nouvelle et tout à fait étrangère aux cadres traditionnels du droit civil. C'est une convention-loi réglant les relations de deux classes sociales. Ce n'est point un contrat faisant naître des obligations spéciales, concrètes et temporaires entre deux sujets de droit. C'est une loi établissant des rapports permanents et durables entre deux groupes sociaux, le régime légal suivant lequel devront être conclus les contrats individuels entre les membres de ces groupes. Voilà le vrai point de vue. Voilà comment on pourra résoudre la difficulté et faire la théorie juridique du contrat collectif.

Mais je reconnais aisément que même en France, en Allemagne, en Angleterre, il y a là une institution qui est encore en voie d'élaboration et assez loin de sa formation complète. Celle-ci suppose en effet que les catégories de travailleurs, les classes, aient acquis une structure juridique définie, que chaque profession ait formé une organisation syndicale assez forte et assez étendue pour qu'elle se confonde avec elle et que les patrons et les ouvriers isolés puissent être considérés comme des quantités négligeables. C'est vers cet état social que marchent, je le crois, beaucoup de pays européens. Mais ils sont peut-être encore bien loin du but. En attendant, le contrat collectif de travail reste à l'état d'ébauche. En tout cas, tel qu'il est, et c'est l'essentiel à retenir, il se place tout à fait en dehors du vieux cadre contractuel.

Ces contrats collectifs soulèvent une question de droit public d'un haut intérêt, et que je ne fais qu'indiquer en passant. Je viens de parler de conventions-lois; mais ces deux mots n'expriment-ils pas deux idées qui s'excluent? La loi n'est-elle pas l'ordre émané de l'autorité souveraine et s'imposant comme tel à des sujets? Elle a été cela : mais elle ne l'est plus, ou dans tous les cas elle ne l'est plus exclusivement. Dans le droit public moderne une évolution analogue à celle du droit privé est en train de s'accomplir. De même que disparaît l'autonomie de l'individu, de même disparaît la souveraineté de l'État. De même que disparaît le droit subjectif de l'individu en sa forme la plus accusée, le *dominium*, de même disparaît le droit subjectif de l'État, l'*imperium*. Dès lors rien ne s'oppose plus à ce que certaines lois ne soient une règle établie par une entente intervenue entre deux groupes sociaux et sanctionnée par la force matérielle des gouvernants[1].

1. Cf. Duguit, *Le droit social, le droit individuel et la transformation de l'État*, 2e édit. 1911 (F. Alcan); *Traité de droit constitutionnel*, 1911, I, p. 67 et suiv., p. 132 et suiv.

Mais je n'insiste pas et j'arrive à la question de la responsabilité.

VI

Il me reste bien peu de temps pour parler de ce grand et grave problème. Je vais essayer de dire l'essentiel et de montrer qu'ici, comme dans toutes les parties du droit, s'accomplit encore une évolution dans le sens socialiste.

Le principe civiliste de la responsabilité est formulé dans le célèbre article 1382 du Code Napoléon : « Tout fait quelconque de l'homme qui cause à autrui un dommage oblige celui par la faute duquel il est arrivé à le réparer. » L'article 1143 du Code argentin est rédigé à peu près dans les mêmes termes : « Quiconque exécute un fait qui, par sa faute ou sa négligence, occasionne un dommage à autrui, est obligé de réparer le préjudice. » La règle était très simple et très logique avec l'ensemble du système individualiste. Dans les rapports de deux sujets de droit une obligation ne peut être créée que par un contrat. Mais s'il y a de la part d'un individu une faute ou une négligence qui lui soit imputable, cette imputabilité fait naître à sa charge l'obligation de réparer le préjudice qu'il a occasionné à un sujet de droit. Celui qui se prétend lésé devra donc prouver la faute ou la négligence de l'auteur du fait. C'est encore finalement la volonté du sujet de droit qui est la cause génératrice du rapport de droit; et c'est en définitive dans ce système le principe de l'imputabilité morale qui est le fondement unique de la responsabilité civile comme de la responsabilité pénale du sujet de droit. D'où le nom de système de la responsabilité subjective.

Je n'entends point prétendre que la responsabilité subjective ait disparu ou doive disparaître complètement. Dans les rapports des individus, elle subsiste et subsistera probablement longtemps encore. Mais ce que je prétends, c'est que le domaine de la responsabilité subjective se rétrécit de plus en plus, que le principe de l'imputabilité ne peut intervenir quand il s'agit, non plus des rapports d'individu à individu, mais des rapports de groupes entre eux, ou des rapports de groupes avec des individus. J'ajoute que bien souvent existe véritablement une relation entre groupes ou entre groupes et individus, quand, en apparence, il n'y qu'un rapport entre individus. Alors ce n'est pas une question d'imputabilité qui se pose, mais seulement une question de risque. C'est la question de savoir quel est le patrimoine qui doit supporter définitivement le risque s'attachant à l'activité du groupe considéré. Il peut naître alors une responsabilité objective et non plus une responsabilité subjective. Il n'y a point, pour savoir s'il y a responsabilité, à rechercher si une faute ou une négligence a été commise, mais seulement quel est le groupe qui doit finalement supporter la charge du risque. Il n'y a d'autre preuve à faire que celle du préjudice causé; et, cette preuve faite, la responsabilité joue en quelque sorte automatiquement.

On comprend facilement comment la mise en œuvre de cette espèce de responsabilité est la conséquence de la socialisation du droit. Quand on ne voyait dans la vie juridique que des rapports d'individu à individu, quand on rattachait tous les faits sociaux à l'autonomie de la volonté individuelle, on ne pouvait concevoir la naissance d'une obligation que comme l'œuvre de la volonté. Le sujet veut conformément au droit : il devient créancier ou débiteur. Il veut contrairement au droit : il est responsable et devient débiteur de l'équivalent du préjudice causé.

Mais aujourd'hui la vie sociale et partant la vie juridique est le produit d'une division du travail entre les activités individuelles et les activités collectives. Les groupes ne sont point, nous l'avons vu, des sujets de volonté ; ils ne peuvent être des personnes responsables. Mais l'activité du groupe n'en est pas moins un élément important de l'activité sociale. La besogne qui en résulte profite sans doute à l'ensemble de la société, mais profite plus particulièrement aux membres du groupe. Si celui-ci en a le bénéfice immédiat, il est juste qu'il supporte le risque que fait courir aux individus et aux autres groupes la mise en œuvre de cette activité.

Telle est l'idée très simple à laquelle se rattachent tous les cas de responsabilité objective.

VII

Il serait intéressant de les étudier en détail dans les lois et les jurisprudences modernes. Je ne puis le faire ici et je dirai seulement quelques mots des deux principaux : la responsabilité en matières d'accidents ouvriers et la responsabilité des services publics.

La loi du 9 avril 1898 sur les accidents ouvriers, complétée et élargie par la loi du 12 avril 1906, est la première loi qui, en France, a consacré d'une manière expresse un cas de responsabilité objective. Le système existait déjà dans certains pays étrangers, notamment en Angleterre et en Allemagne. En France, avant le vote de la loi un effort doctrinal et jurisprudentiel s'était produit, tendant à préparer le système en déplaçant le fardeau de la preuve : on déclarait le patron toujours responsable de l'accident, à moins qu'il ne prouvât qu'il y avait une faute de l'ouvrier. On essayait de justifier le système en torturant quelques textes du Code Napoléon, notamment les articles 1384 et suivants[1].

Enfin la loi de 1898 établit le système complet de la responsabilité objective. Vous en connaissez le principe : quand un accident ar-

1. Cf. notamment Josserand, *De la responsabilité du fait des choses inanimées*, 1897 ; Saleilles, *Les accidents du travail et la responsabilité civile*, Extrait de la *Revue bourguignonne de l'enseignement supérieur*, 1894, p. 655 et suiv.

fait de l'accident; le patron ne peut s'exonérer en prouvant qu'il y a eu faute ou maladresse de l'ouvrier; il n'échappe à la responsabilité qu'en établissant que l'ouvrier s'est blessé volontairement.

Les civilistes critiquent encore le système non sans vivacité. Il est évident qu'il est en contradiction absolue avec les principes individualistes; et la généralisation du système est même une des meilleures preuves de la ruine de l'individualisme. Si dans les entreprises industrielles on ne considère que le rapport du patron entrepreneur et de l'ouvrier ou employé, il ne peut évidemment naître à la charge du patron qu'une responsabilité subjective pour faute. Peut-être seulement pourrait-on se demander si c'est une responsabilité contractuelle ou une responsabilité délictuelle. Mais dans nos sociétés industrielles modernes il n'en est plus ainsi: les entreprises acquièrent un caractère social; l'entrepreneur exerce vraiment une fonction sociale. En réalité il y a deux éléments sociaux en présence : l'élément capital et l'élérive à un ouvrier dans son travail ou à l'occasion de son travail, le patron lui doit une indemnité dont le taux est fixé par la loi sur la base du salaire. L'ouvrier n'a qu'à établir le ment travail. Toute la question est de savoir lequel des deux éléments doit supporter les risques de l'entreprise ou si les risques doivent être supportés par les deux; et enfin si l'accident, la mort de l'ouvrier sont une partie de ce risque. Le capital ayant, au moins en apparence, tout le profit de l'entreprise, on en a conclu que c'est lui qui doit supporter tous les risques et qu'il est par conséquent responsable des accidents. Mais c'est une responsabilité à laquelle l'élément faute est tout à fait étranger.

Maintenant est-il exact de dire que seul le capital a le profit de l'entreprise ? L'élément ouvrier n'y est-il pas en réalité toujours associé ? N'y sera-t-il pas associé de plus en plus? N'aurait-il pas été plus conforme à l'évolution sociale moderne de faire supporter le risque en commun, sinon également, par le capital et le travail ? En tout cas, dès à présent ne faudrait-il pas distinguer entre les entreprises, suivant que l'ouvrier est ou non effectivement associé au profit, par la participation aux bénéfices ? Ce sont là autant de questions d'économie politique que je dois signaler, mais dont je ne puis m'occuper.

De la responsabilité pour les accidents ouvriers doit être rapprochée la responsabilité objective que beaucoup d'arrêts ont reconnue à l'occasion du dommage causé par des choses. La jurisprudence décide que le propriétaire doit supporter le dommage occasionné par sa chose, à moins qu'il ne prouve qu'il y a eu une faute de la victime. La propriété cessant d'être un droit pour devenir une fonction sociale, comme j'essayerai de le montrer dans la prochaine conférence, et l'élément propriétaire ayant le profit de la richesse qu'il détient, il doit supporter le risque du dommage occasionné par cette richesse[1].

Enfin la responsabilité objective apparaît très nettement dans ce que j'appelle par abréviation la responsabilité des services publics ; je devrais dire la responsabilité de la caisse publique à l'occasion du fonctionnement des services publics. La jurisprudence du Conseil d'État français a établi sur ce point un système qui est essentiellement protecteur de l'admi-

1. On trouvera la bibliographie complète et l'analyse de la jurisprudence dans Baudry-Lacantinerie et Barde, *Traité des obligations*, 3e édit., 1908, IV, p. 684 et suiv. Cons. spécialement, Cassation, 29 mars 1897, Sirey, 1898, I, p. 70, avec une note de M. Esmein ; 22 janvier 1908, Dalloz, 1908, I, p. 217, avec une note de M. Josserand ; 25 mars 1908, Sirey, 1910, I, p. 17, avec une note de M. Esmein.

nistré et qui est assurément plus progressiste qu'aucun de ceux existant à l'étranger. Je ne peux l'étudier ici ; il me faudrait en effet faire toute la théorie du service public et cela sortirait du cadre de ces conférences. Qu'il me suffise de dire que le système français est fondé tout entier sur cette idée que la caisse publique doit supporter la charge du risque que fait courir aux particuliers le fonctionnement des services publics, qu'aujourd'hui le conseil d'État n'exige même plus que le particulier fasse la preuve d'une véritable faute imputable aux agents du service et qu'enfin la responsabilité atteint les administrations quel que soit le service public en jeu, que la distinction faite à un moment donné entre les services publics de gestion responsables, et les services publics d'autorité non responsables, est définitivement abandonnée; que le Conseil d'État reconnaît aujourd'hui la responsabilité même à l'occasion de la police[1].

1. Cf. Duguit, *Traité de droit constitutionnel*, I, p. 253 et suiv. et la bibliographie et la jurisprudence qui y sont rapportées, spécialement Teissier, *De la responsabilité de l'État*, Extrait du *Répertoire de droit administratif;* Tirard, *De la responsabilité de la puissance publique*, 1905; Marcq, *La responsabilité de la puissance publique*, 1911; Michoud, *Théorie de la personnalité morale*, 2e partie, 1909, p. 260 et

Pour achever cette étude des transformations générales du droit privé depuis le Code Napoléon, il me reste à étudier une institution dont l'importance n'est point petite, la propriété, et à montrer qu'elle cesse d'être un droit subjectif pour devenir, elle aussi, une fonction sociale. Ce sera le sujet de notre prochaine et dernière conférence.

suiv.; Conseil d'État, 10 février 1905 (*Tomaso Grecco*) *Recueil*, p. 140, Sirey, 1905, III, p. 113, avec les remarquables conclusions de M. Romieu et une note de M. Hauriou; 24 décembre 1909 (*Pluchard*), *Recueil*, p. 1029 et *Revue du droit public*, 1910, p. 83, avec une note de M. Jèze.

SIXIÈME CONFÉRENCE

LA PROPRIÉTÉ FONCTION SOCIALE

Transformation générale de la conception juridique de propriété ; elle cesse d'être le droit subjectif du propriétaire pour devenir la fonction sociale du détenteur de la richesse. — Besoin économique général auquel est venu répondre l'institution juridique de la propriété. — La propriété dans le Code Napoléon et les principaux codes civilistes. — Les conséquences qui résultaient de cette conception sont pour la plupart aujourd'hui rejetées par la jurisprudence. — Apparition dans la jurisprudence de la conception de propriété-fonction. — Obligations du propriétaire : il est obligé d'employer la richesse qu'il détient conformément à sa destination sociale. — Intervention du législateur. — La propriété d'affectation. — La loi française du 2 janvier 1907 sur les églises.

MESSIEURS,

La transformation de la notion juridique de propriété, tel sera l'objet de cette sixième et dernière conférence. Les juristes classiques trouveront peut-être ce titre contradictoire. Ils estiment en effet que par définition et en soi la propriété est en droit une certaine chose, qu'elle est forcément et toujours cette chose-là et que si elle cessait de l'être elle cesserait d'être la propriété. J'ai déjà dit ce qu'il fallait penser, à mon avis, de cette façon *a priori* et dogmatique de comprendre le droit ; et si je la rappelle, c'est qu'elle s'est affirmée et s'affirme encore à propos du droit de propriété plus que dans toute autre matière.

Cependant la propriété est une institution juridique qui s'est formée pour répondre à un besoin économique, comme d'ailleurs toutes les institutions juridiques, et qui évolue nécessairement avec les besoins économiques eux-mêmes. Or, dans nos sociétés modernes le besoin économique auquel était venue répondre la propriété institution juridique se transforme profondément ; par conséquent la propriété comme institution juridique doit elle-même se transformer. L'évolution se fait encore ici dans le sens socialiste. Elle est encore déterminée par une interdépendance des différents éléments sociaux de plus en plus étroite. Par là même, la propriété se socialise, si je puis ainsi dire. Cela ne signifie pas qu'elle devienne collective au sens des doctrines collectivistes ; mais cela signifie deux choses : d'abord que la propriété individuelle cesse d'être un droit de l'individu pour devenir une fonction sociale, et en second lieu que les cas d'affectation de richesse à des collectivités, qui doivent être juridiquement protégés, deviennent de plus en plus nombreux.

Telle est l'idée générale qui dominera toute cette conférence, et dont le lien avec ce qui a été dit précédemment apparaît aisément. Ici encore l'évolution que je vais essayer de décrire est, je le crois, beaucoup moins avancée dans les pays de l'Amérique du Sud, qu'elle ne l'est dans les pays européens, particulièrement en France et en Angleterre. Je me placerai surtout au point de vue français et vous ferez la comparaison.

J'ajoute une observation importante : dans cette étude je considérerai exclusivement ce que les économistes appellent la propriété capitaliste, laissant de côté la propriété des objets de consommation qui présente des caractères tout à fait différents, et de laquelle il ne serait point exact de dire qu'elle évolue dans le sens socialiste. Mais d'un autre côté je parlerai de toutes les propriétés capitalistes, aussi bien de la propriété mobilière que de la propriété immobilière. Pour l'une et l'autre le caractère de l'évolution est le même. Il apparaît cependant peut-être d'une façon plus frappante pour la propriété foncière, et c'est pourquoi c'est elle que je prendrai surtout en exemple.

Dans votre pays, disais-je, l'évolution de la propriété est certainement moins avancée qu'en Europe, particulièrement en ce qui concerne cette dernière espèce de propriété. Peut-être pourrai-je caractériser le stade dans lequel vous êtes encore en disant que c'est le stade de la propriété-spéculation, mais qui sera suivi à une époque qui n'est peut-être pas très éloignée du stade de la propriété-fonction, l'évolution des sociétés et particulièrement des sociétés latines parvenues à un même degré de civilisation étant similaire.

I

A quel besoin économique est venue répondre, d'une manière générale, l'institution juridique de la propriété ? Il est très simple et apparaît dans toute société : c'est le besoin d'affecter certaines richesses à des buts individuels ou collectifs définis, et par suite le besoin de garantir et de protéger socialement cette affectation.

Pour cela, que faut-il? Deux choses: il faut d'abord, d'une manière générale, que tout acte fait conformément à l'un de ces buts soit sanctionné, et en second lieu il faut que tous les actes qui y sont contraires soient socialement réprimés.

L'institution sociale qui est organisée pour atteindre ce double résultat, voilà la propriété au sens juridique du mot. Quand nous nous demandons quelle est la notion juridique de propriété, nous nous demandons sur quelle notion repose l'institution sociale qui a pour objet de protéger l'affectation d'une chose à un but individuel ou collectif, de sanctionner les actes conformes à ce but et de réprimer les actes contraires.

Cette institution sociale, comment les codes fondés sur le principe individualiste et civiliste l'ont-ils organisée? D'une manière bien simple. D'abord leurs auteurs ne se sont point préoccupés d'apprécier la légitimité des appropriations existant en fait et d'en déterminer le fondement. Ils ont pris les situations existantes et les ont déclarées intangibles. D'autre part, profondément individualistes, ils n'ont eu en vue que l'affectation de la richesse à un but individuel, le complément et comme la condition même de la liberté, de l'autonomie individuelle. Ils n'ont compris et n'ont pu comprendre que la protection de cette affectation individuelle. Ils ont cru que le seul moyen de protéger cette affectation, c'était de donner au détenteur de la chose un droit subjectif absolu, absolu dans sa durée, absolu dans ses effets; un droit qui aurait pour objet la chose appropriée et pour sujet passif tous les individus autres que l'affectataire lui-même. En un mot ils ont adopté la forte construction juridique du *dominium* romain.

Vous connaissez et j'ai cité dès la première conférence les textes qui consacrent ce système : l'article 17 de la Déclaration des droits de 1789 : « La propriété est un droit inviolable et sacré... » L'article 17 de votre constitution : « La propriété est inviolable.... » Les articles 544 et 545 du Code Napoléon : « La propriété est le droit de jouir et de disposer des choses de la manière la plus absolue. » L'article 2540 du Code civil argentin qui est encore plus énergique et plus significatif : « La propriété est le droit réel en vertu duquel une chose se trouve soumise à la volonté d'une personne .» Ce texte est complété par l'article 2542 : « La propriété est exclusive : deux personnes ne peuvent tenir chacune en elle la totalité de la propriété d'une chose. »

Ces textes marquent bien ce qu'a d'absolu, d'exclusif, la propriété-droit dans les conceptions civilistes. Elle est la manifestation par excellence de l'autonomie de la volonté humaine, de la souveraineté de l'individu, comme le pouvoir législatif est la manifestation par excellence de la souveraineté de l'État. *Dominium* et *imperium* sont d'ailleurs deux concepts juridiques qui ont la même origine et qui marchent de pair[1].

On connaît les conséquences qui résultent de cette conception de la propriété-droit; je rappelle cependant les principales.

D'abord le propriétaire ayant le droit d'user, de jouir et de disposer de la chose a par là même le droit de ne pas en user, de ne pas en jouir, de ne pas en disposer, et par conséquent de laisser ses terres sans culture, ses emplacements urbains sans construction, ses maisons sans location et sans entretien, ses capitaux mobiliers improductifs.

Le droit de propriété est absolu. Absolu à l'égard de la puissance publique qui peut bien

1. Cf. DUGUIT, *Le droit social, le droit individuel*, 2ᵉ édit. 1911, p. 17 et suiv.

y apporter quelques restrictions dans l'intérêt de la police, mais qui ne peut y toucher que moyennant le paiement d'une juste et préalable indemnité. Il est absolu dans ses effets à l'égard des individus et, suivant la formule de M. Baudry-Lacantinerie, le propriétaire « peut légitimement faire sur sa chose des actes même quand il n'a aucun intérêt avouable à les faire », et si, en le faisant, il cause un dommage à autrui, « il n'est point responsable, parce qu'il ne fait qu'user de son droit[1] ».

Le droit de propriété est encore absolu dans sa durée; et c'est sur ce caractère que l'on fonde le droit de tester, le propriétaire, titulaire d'un droit absolu, ayant logiquement le pouvoir de disposer de ses biens pendant son

1. Baudry-Lacantinerie, *Droit civil*, I, 10ᵉ édit. 1908, nº 1296, p. 726. Je dois dire cependant que cette formule ne se retrouve point dans la 11ᵉ édition publiée avec la collaboration de M. Chéneaux, 1912, nº 1296, p. 738. Mais M. Chéneaux déclare que le propriétaire « jouit de sa chose comme il le veut, même, si cela lui plaît, d'une manière abusive ». Les collaborateurs de M. Baudry ont été beaucoup moins affirmatifs que lui sur le caractère de la propriété en tant que droit absolu. M. Chauveau (*Des biens*, nº 215) écrit : « Malgré son caractère absolu, la propriété doit encore être circonscrite en des limites rationnelles... » M. Barde (*Des obligations*, IV, nº 2855, p. 342) : « La vérité, c'est qu'il n'y a point de droit absolu et que la propriété elle-même n'est point un droit absolu et a des limites. »

vivant et pour le temps où il ne sera plus.

Enfin dans le système civiliste, la protection de l'affectation d'une chose à un but ne peut être réalisée que s'il existe un sujet de droit qui puisse devenir titulaire du droit de propriété. Il faut une personne réelle ou, comme vous dites, une personne idéale dont la loi a créé l'existence juridique.

II

Il est facile de montrer qu'actuellement aucune de ces conséquences n'est vraie, au moins dans certains pays, notamment en France. Si vous voulez que je sois moins affirmatif, je dirai que tout le système est en train de disparaître. Vous verrez tout à l'heure que ce n'est pas là une affirmation gratuite, qu'elle repose sur l'observation directe des faits, que dans la jurisprudence et dans la loi positive apparaissent toute une série de décisions qui sont en contradiction absolue avec les propositions formulées plus haut. N'est-ce pas la preuve qu'ainsi se désagrège et disparaît le système juridique dont elles n'étaient que la conséquence?

Quant aux causes générales de cette disparition, elles sont toujours les mêmes : ce sont celles étudiées jusqu'à présent et qui déterminent la transformation générale des institutions civilistes et individualistes. D'abord la propriété-droit subjectif est une conception d'ordre purement métaphysique en contradiction radicale avec le positivisme moderne. Dire que l'individu détenteur d'un capital a un droit sur ce capital, c'est dire qu'il a relativement à cette chose une volonté en soi supérieure et s'imposant comme telle à celle des autres individus. Le *dominium* de l'individu n'est pas plus intelligible comme droit que l'*imperium* du gouvernant détenteur de la force.

Le système civiliste de la propriété se décompose aussi, parce qu'il tendait à protéger uniquement des fins individuelles, considérées comme se suffisant à elles-mêmes. Il correspondait exactement à la conception individualiste de la société et trouvait son expression parfaite dans l'article 2 de la Déclaration des droits de 1789 : « Le but de toute association politique est la conservation des droits naturels et imprescriptibles de l'homme. Ces droits sont : la liberté, la propriété. » Si l'on protégeait l'affectation individuelle d'une richesse, c'était uniquement en considération de l'individu ; c'était uniquement l'utilité individuelle que l'on avait en vue. Or, aujourd'hui nous avons la conscience très nette que l'individu n'est pas une fin, mais un moyen, que l'individu n'est qu'un rouage de la vaste machine qu'est le corps social, que chacun de nous n'a de raison d'être dans le monde que par la besogne qu'il accomplit dans l'œuvre sociale. Ainsi le système individualiste est en contradiction flagrante avec cet état de la conscience moderne.

Enfin le système civiliste de la propriété disparaît parce qu'il n'avait été établi que pour protéger l'affectation d'une chose à un intérêt individuel et qu'il ne peut servir à protéger l'affectation d'une chose à un but collectif. Cela touche d'ailleurs au problème des personnes collectives dont j'ai déjà parlé. Mais à la fin de cet entretien nous verrons une nouvelle application intéressante de l'idée de but remplaçant le concept de sujet de droit.

III

Vous apercevez par là le fondement de la conception nouvelle de la propriété. Dans les sociétés modernes, où la conscience nette et profonde de l'interdépendance sociale est devenue dominante, de même que la liberté est le devoir pour l'individu d'employer son activité physique, intellectuelle et morale au développement de cette interdépendance, de même la propriété est pour tout détenteur d'une richesse le devoir, l'obligation d'ordre objectif, d'employer la richesse qu'il détient à maintenir et à accroître l'interdépendance sociale.

Tout individu a l'obligation d'accomplir dans la société une certaine fonction en raison directe de la place qu'il y occupe. Or, le détenteur de la richesse, par cela même qu'il détient de la richesse, peut accomplir une certaine besogne que lui seul peut accomplir. Seul il peut augmenter la richesse générale en faisant valoir le capital qu'il détient. Il est donc obligé socialement d'accomplir cette besogne et il ne sera protégé socialement que s'il l'accomplit et dans la mesure où il l'accomplit. La propriété n'est plus le droit subjectif du propriétaire; elle est la fonction sociale du détenteur de la richesse.

Cette idée, c'est encore Auguste Comte qui l'a mise, le premier au XIXe siècle, particulièrement en relief. Il écrivait en effet en 1850 dans le *Système de politique positive* : « Dans tout état normal de l'humanité, chaque citoyen quelconque constitue réellement un fonctionnaire public, dont les attributions plus ou moins définies déterminent à la fois les obligations et les prétentions. Ce principe universel doit certainement s'étendre jusqu'à la propriété, où le positivisme voit surtout une indispensable fonction sociale, destinée à former et à administrer les capitaux dans lesquels chaque génération prépare les travaux de la suivante. Sagement conçue, cette appréciation normale anoblit sa possession, sans restreindre sa juste liberté et même en la faisant mieux respecter[1]. »

Il est à noter qu'aujourd'hui les plus ardents défenseurs de la propriété individuelle, les économistes les plus orthodoxes sont eux-mêmes obligés de reconnaître que, si l'affectation d'une chose à l'utilité individuelle est protégée, c'est avant tout à cause de l'utilité sociale qui en résulte. M. Courcelle-Seneuil (*Dictionnaire d'économie politique* de Léon Say,

1. AUGUSTE COMTE, *Système de politique positive*, édit. 1892, I, p. 156. On consultera utilement sur le rôle social de la propriété, LANDRY, *De l'utilité sociale de la propriété individuelle*, 1901; HAURIOU, *Principes de droit public*, 1910, p. 39.

V° *Propriété*) parle comme Auguste Comte de la fonction sociale du commerçant, du propriétaire, du capitaliste.

Ainsi le droit positif ne protège plus le prétendu droit subjectif du propriétaire ; mais il garantit la liberté du détenteur d'une richesse de remplir la fonction sociale qui lui incombe par le fait même de cette détention, et c'est ainsi que je puis dire surtout que la propriété se socialise.

Aussi bien je tiens à éviter ici tout malentendu. Je ne dis pas, je n'ai jamais dit, je n'ai jamais écrit que la situation économique qu'est la propriété individuelle disparaisse, doive disparaître. Je dis seulement que la notion juridique sur laquelle repose sa protection sociale se modifie. Malgré cela, la propriété individuelle reste protégée contre toutes les atteintes, même contre celles qui viendraient de la puissance publique. Bien plus, je dirai qu'elle est plus fortement protégée qu'avec la conception traditionnelle.

D'autre part, je prends comme un fait la détention de la richesse capitaliste par un certain nombre d'individus. Je n'ai point à critiquer ou à justifier ce fait ; ce serait peine perdue, précisément parce que c'est un fait.

Je ne recherche pas non plus si, comme le prétendent certaines écoles, il y a une opposition irrémédiable entre ceux qui détiennent la richesse et ceux qui n'en ont point, entre la classe propriétaire et la classe prolétarienne, celle-ci devant exproprier et anéantir bientôt celle-là. Mais je ne peux me tenir cependant de dire qu'à mon sens ces écoles ont une vision tout à fait erronée des choses : la structure des sociétés modernes est beaucoup plus complexe. En France notamment un grand nombre d'individus sont à la fois propriétaires et travailleurs. C'est un crime de prêcher la lutte des classes, et je crois que nous marchons, non point vers l'anéantissement d'une classe par l'autre, mais au contraire vers un régime de coordination et de hiérarchisation des classes.

IV

Avec la notion de propriété-fonction, avec la notion de protection sociale de l'affectation de la richesse à un but, nous acquérons l'intelligence très nette et l'explication très facile de toutes les décisions légales et jurisprudentielles, qui sont au contraire en opposition absolue avec le système de la propriété-droit.

Cependant, j'ai rencontré une objection qui m'a été faite à plusieurs reprises. Plusieurs de mes collègues m'ont dit : « Nous comprenons votre opinion, nous admettons même que nous marchons vers un système de droit où la propriété aura pour fondement l'obligation du propriétaire de remplir une certaine fonction. Mais nous n'y sommes point encore parvenus ; et la preuve en est que pas une législation n'impose encore au propriétaire l'obligation de cultiver son champ, d'entretenir sa maison, de faire valoir ses capitaux ; et cependant ce serait la conséquence logiquement nécessaire de la notion de propriété-fonction[1]. »

L'objection ne me touche pas. En effet, de ce qu'il n'y a pas encore de loi qui astreigne directement le propriétaire à cultiver son champ, à mettre ses maisons en rapport, à faire valoir ses capitaux, on ne saurait conclure que la notion de fonction sociale n'ait pas encore remplacé la notion de droit subjectif en ce qui concerne la propriété. La loi n'est pas intervenue parce que le besoin ne

1. Cf. notamment, Jèze, *Revue du droit public*, 1909, p. 193.

s'en est pas encore fait sentir. En France, par exemple, la quantité de terres laissées à l'abandon par le propriétaire, le nombre des maisons qui ne sont pas mises en rapport est insignifiant au regard de la masse des capitaux immobiliers mis en valeur. Mais le fait que l'on pose la question est à lui seul la preuve évidente de la transformation qui s'est accomplie. Il y a moins d'un demi-siècle, la question ne venait à aucun esprit. Aujourd'hui elle est partout posée, et si, dans un pays comme la France, le moment venait où la non-exploitation des capitaux fonciers prenait une extension sérieuse, nul ne contesterait certainement que l'intervention du législateur serait légitime. Quant au non-emploi des capitaux mobiliers, la thésaurisation, le législateur ne peut que difficilement l'atteindre; il est incontestable que s'il pouvait la saisir, il devrait l'interdire et la réprimer[1].

1. Dans ses *Principes de droit public*, 1910, p. 38, M. Hauriou dit très justement : « Enfin descendons au plus individualiste des droits individuels, au droit de propriété privée. L'élément de fonction y est caché... Sans doute on n'oblige pas directement le propriétaire à cultiver; mais on compte sur les fréquents changements de propriétaire... On sait que si l'un ne cultive pas, l'autre cultivera et que l'intérêt de la très grande majorité sera de cultiver... Tout a été fort habilement calculé pour que la fonction éco-

Dans les pays qui sont encore, suivant l'expression dont je me servais tout à l'heure, au stade de la propriété-spéculation, le problème se pose; et cela est une preuve que même dans ces pays la notion de propriété-droit tend à disparaître. Celui ou ceux qui achètent de très grandes quantités de terrains à des prix relativement bas et qui restent plusieurs années sans les exploiter, attendant que l'augmentation naturelle de la valeur de la terre leur procure un gros bénéfice, ne suivent-ils pas une pratique qui devrait être prohibée? Si la loi intervenait, la légitimité de son intervention ne serait guère contestable ni contestée. Cela nous met bien loin de la conception du droit de propriété intangible, impliquant pour le pro-

nomique de la propriété fût assurée par le seul jeu de la liberté. Mais si un jour ou l'autre on s'apercevait que la culture n'est plus assurée d'une façon suffisante, sans aucun doute l'obligation juridique d'accomplir la fonction apparaîtrait sous peine d'expropriation. » M. Hauriou fait très justement observer que cette obligation existe pour les concessions de terre faites dans les colonies et aussi pour la propriété minière, qui existe sous la condition d'exploitation. C'est ce qui paraît en effet ressortir de l'article 49 de la loi du 21 avril 1810 et de l'article 10 de la loi du 27 avril 1837. La portée de ces textes peut cependant être contestée et elle l'a été; mais certainement l'obligation d'exploitation sera formellement reconnue et énergiquement sanctionnée dans le projet de loi dont la Chambre des députés est déjà saisie depuis plusieurs années.

priétaire le droit à son gré d'agir ou de rester inactif[1].

V

L'objection précédente écartée et ces divers points précisés, il reste facile de déterminer ce que j'appellerai le contenu de la propriété-fonction et de montrer que les propositions qui l'expriment cadrent parfaitement avec les décisions actuelles de la jurisprudence et de la loi. En me référant à ce que j'ai dit dans la deuxième conférence sur le fait de l'interdépendance sociale, sur la division du travail, j'arrive naturellement aux deux propositions suivantes:

1° Le propriétaire a le devoir et partant le pouvoir d'employer la chose qu'il détient à la satisfaction de besoins individuels, et particulièrement des siens propres, d'employer la chose au développement de son activité physique, intellectuelle et morale. Qu'on n'oublie pas en effet que l'intensité de la division du travail social est en raison directe de l'intensité de l'activité individuelle.

2° Le propriétaire a le devoir et partant le pouvoir d'employer sa chose à la satisfaction de

1. Voir l'appendice III, p. 1 2.

besoins communs, des besoins d'une collectivité nationale tout entière ou de collectivités secondaires.

D'abord, dis-je, le propriétaire a le devoir et le pouvoir d'employer la richesse qu'il détient à la satisfaction de ses besoins individuels. Mais il va de soi qu'il ne s'agit que des actes qui correspondent à l'exercice de la liberté individuelle telle que je l'ai définie précédemment, c'est-à-dire au libre développement de l'activité individuelle. Les actes faits en vue de ce but sont protégés. Ceux qui n'ont pas ce but et qui, d'autre part, ne poursuivent pas un but d'utilité collective, seront contraires à la loi de la propriété et pourront donner lieu à une répression ou à une réparation.

Ainsi se trouvent très facilement et très logiquement expliquées toutes les décisions qui reconnaissent et sanctionnent l'impossibilité pour le propriétaire de faire sur la chose qu'il détient aucun acte qu'il n'a pas d'utilité à faire. Et voilà ces décisions expliquées sans recourir aux théories contradictoires et inapplicables de l'abus du droit, de la limitation du droit de propriété, fondées sur la distinction impossible de l'usage normal et anormal du droit de propriété.

Si je peux légalement bâtir une maison de rapport sur mon terrain, alors même qu'elle cause un grave préjudice à mon voisin, c'est que j'emploie alors la chose dans mon intérêt, il est vrai, mais en même temps en vue d'un but d'interdépendance sociale. Je remplis la besogne sociale que ma détention de ce terrain me permet de remplir; j'assure la satisfaction de besoins sociaux. Mais comme la jurisprudence l'a très justement décidé, je ne puis pas légalement établir un écran sur mon terrain, une fausse cheminée sur le toit de ma maison ou faire sans raison des fouilles dans mon jardin, parce que je fais là des choses qui ne me sont d'aucune utilité et qui ne servent aucunement l'interdépendance sociale[1].

Mais, dira-t-on, ces choses inutiles ne sont pas en réalité interdites au propriétaire; ce qui est interdit c'est le dommage qu'elles peuvent causer à autrui. Non point. Si le dommage causé à autrui entraîne réparation, c'est précisément parce qu'elles sont interdites. Nous avons vu en effet que dans les rapports entre individus, le dommage n'entraîne réparation que s'il est le résultat d'une faute et que la faute n'est autre chose que la violation de la loi. Ce qu'il y a de

1. Voir l'appendice IV, p. 196.

vrai, c'est que lorsque les actes du propriétaire, sans utilité pour lui, causent un dommage à autrui, la règle de droit qui les prohibe a la sanction de la réparation. Mais la prohibition existe par elle-même ; car, si elle n'existait pas, il n'y aurait pas cette sanction. Si la chose n'était pas prohibée, elle ne serait pas illicite et celui qui subit le préjudice ne pourrait point en demander la réparation.

Il serait facile d'autre part de montrer que la notion générale sur laquelle s'établit la théorie juridique de la propriété cadre très bien avec des décisions de la loi et de la jurisprudence, qui sont au contraire en contradiction flagrante avec la conception traditionnelle.

Si la propriété est un droit exclusif sur la chose, le propriétaire a le droit d'empêcher qu'un tiers fasse sur cette chose, objet du droit de propriété, un acte quelconque, même un acte qui ne lui occasionne aucun préjudice, un acte qui ne diminue en rien sa jouissance. Or dans divers pays et particulièrement en France, des lois récentes décident au contraire que l'on peut, même dans un intérêt privé et sans que cela constitue en quoi que ce soit une dépossession, une expropriation, et par conséquent sans qu'aucune indemnité soit due, que l'on peut établir des fils télégraphiques et téléphoniques et des conducteurs d'énergie électrique sur des propriétés privées et qu'une indemnité n'est due que s'il y a des dégradations. Il importe d'ailleurs de bien noter que cela est possible, même pour des lignes de télégraphe ou de téléphone privées et pour des fils conducteurs d'énergie électrique alimentant des usines privées. La loi du 28 juillet 1885 relative à l'établissement et à l'entretien des lignes télégraphiques et téléphoniques et la loi du 15 juin 1906 sur les distributions d'énergie électrique sont très caractéristiques à cet égard et elles montrent bien comment les progrès de la science rendent plus forts chaque jour les liens de la solidarité sociale et donnent naissance à des institutions juridiques nouvelles.

J'ajoute que la question a été plaidée devant les tribunaux de savoir si un simple particulier ne peut pas, sans le concours de l'administration, contraindre un propriétaire à accepter que des fils conducteurs d'énergie ou de lumière électrique passent au-dessus de sa maison ou de son sol. Les tribunaux n'ont pas encore osé aller jusque-là[1]. Mais le fait seul que

1. Cf. jugement du Tribunal de Bordeaux, 27 novembre 1908, SIREY, 1910, II, p. 230.

la question se soit sérieusement posée devant la justice, montre combien on est loin de l'ancienne conception de la propriété, droit absolu, exclusif, et de l'application qu'en faisait l'article 552, § 1 du Code Napoléon : « La propriété du sol emporte la propriété du dessus et du dessous. »

VI

J'ai dit en second lieu que le détenteur d'une richesse a le devoir et par là le pouvoir d'employer la chose à la satisfaction de besoins communs, de besoins d'une collectivité plus ou moins étendue, à la poursuite d'un but d'intérêt collectif, sous la condition, bien entendu, que ce soit un but licite. Cette proposition conduit à reconnaître l'autonomie de tout patrimoine collectif constitué par des individus, ou, en d'autres termes, à reconnaître la liberté d'association et la liberté de fondation. On écarte ainsi toutes les controverses subtiles et sans objet sur la personnalité collective. Je me suis expliqué à cet égard dans la troisième conférence et je n'y reviens pas.

Je voudrais seulement signaler un point qui

mérite de retenir quelques instants votre attention, parce que là nous pouvons toucher du doigt comment la notion nouvelle de propriété, ce que j'appelle la propriété-affectation, la propriété sans propriétaire, se substitue à la notion ancienne de propriété-droit d'un propriétaire. Cela apparaît à propos des conséquences juridiques de la séparation des Églises et de l'État en France, conséquences qui mériteraient une longue étude.

La loi de séparation du 9 décembre 1905 avait reconnu que la propriété des églises appartenait à l'État, aux départements, et pour le plus grand nombre aux communes, mais que l'usage devait en être laissé pour le culte aux associations cultuelles qui se constitueraient pour en assurer l'exercice. Le pape Pie X, pour des raisons que je n'ai pas à apprécier, a interdit formellement, par l'encyclique *Vehementer nos* du 11 février 1906 et par l'encyclique *Gravissimo officii munere* du 10 août 1906, aux clergé et catholiques de France de former des associations cultuelles. Il semblait donc que l'État et les communes allaient acquérir l'usage des églises, le libre exercice de leur droit de propriété. Alors est intervenue la loi Briand du 2 janvier 1907, dont l'article 5, § 1, porte :

« A défaut d'associations cultuelles les édifices affectés à l'exercice du culte, ainsi que les meubles les garnissant, continueront à être laissés à la disposition des fidèles et des ministres du culte pour la pratique de leur religion. »

La loi ne disait pas autre chose, et ses rédacteurs n'avaient certainement pas pensé aux conséquences qui allaient en résulter quand la question de sanction se poserait. En fait, des conflits assez fréquents sont nés entre les maires et les curés, les curés régulièrement nommés par l'évêque, les maires agissant au nom de la commune propriétaire et installant parfois dans l'église un curé schismatique et dans la commune une cultuelle aussi schismatique. Le curé régulièrement nommé par l'évêque et les fidèles catholiques réclamaient pour le culte catholique la jouissance de l'église. Avaient-ils une voie de droit à cet effet? Ils ne sont pas propriétaires, c'est la commune. Ils ne peuvent pas être usufruitiers, usagers, puisqu'ils ne constituent pas un sujet de droit : la collectivité des fidèles n'a certainement pas la personnalité juridique ; et en tant que curé le titulaire du poste n'a pas une personnalité distincte de sa personnalité privée. Ils n'ont donc pas d'action ; dans le système civiliste et subjectiviste, ils ne pouvaient pas en avoir.

Et cependant une jurisprudence très importante déjà, et du conseil d'État et des tribunaux civils, a reconnu au curé orthodoxe, à un fidèle quelconque de la commune, la possibilité d'agir pour faire protéger l'affectation de l'église au culte catholique et cela contre la commune propriétaire elle-même [1].

1. La plus importante décision du Conseil d'État est assurément celle du 8 février 1908 (*Deliard*), rendue sur les conclusions de M. le commissaire du Gouvernement Chardenet : Le maire d'une commune ayant pris un arrêté interdisant la célébration du culte dans l'église au curé régulièrement nommé par l'évêque, et au curé d'une cultuelle dissidente, le Conseil d'État a déclaré recevable et fondé le recours de l'abbé Deliard, curé nommé par l'évêque, tendant à faire annuler l'arrêté du maire : « Considérant que le sieur Deliard, prêtre catholique, exerçant son ministère dans la commune de ... a intérêt, comme d'ailleurs tout fidèle de cette commune, à poursuivre l'annulation d'un arrêté concernant la fermeture de l'église... Considérant que le maire, par cet arrêté, a porté atteinte au libre exercice du culte garanti par l'article premier de la loi du 9 décembre 1905 et l'article 5 de la loi du 2 janvier 1907... » (*Recueil*, 1908, p. 127). — Les décisions rendues par les tribunaux judiciaires dans le même sens sont très nombreuses. Nous n'en citerons que trois parmi les plus récentes. La Cour de cassation, par deux arrêts des 5 et 6 février 1912 rendus sous la présidence de M. Baudouin, premier président, a décidé que, au cas de différend entre deux prêtres, l'un desservant une cultuelle non reconnue par l'Église ou révoqué par l'évêque et l'autre nommé régulièrement par l'évêque, ce dernier a seul le droit de s'adresser

Voilà donc une propriété qui n'est plus rien et une affectation qui est tout, une affectation

à la juridiction civile afin d'être mis à même de pouvoir remplir sa fonction en se faisant remettre par exemple les clefs de l'église. On lit notamment dans le second de ces arrêts confirmant l'arrêt de la cour de Riom du 1er mars 1909 rapporté dans Sirey, 1909, II, p. 28 (abbé Journiac, curé de la commune d'Apchon) : « Attendu en effet qu'aux termes de l'art. 5 § 1er de la loi du 2 janvier 1907, à défaut d'associations cultuelles, les édifices affectés à l'exercice du culte, ainsi que les meubles les garnissant, continueront, sauf désaffectation dans les cas prévus par la loi du 9 décembre 1905, à être laissés à la disposition des fidèles et des ministres du culte pour la pratique de leur religion ; attendu que ce texte maintient expressément, sous le régime nouveau de la séparation, l'affectation des édifices religieux au culte qui y était antérieurement célébré sous le régime concordataire ; que, pour l'application de ce principe, au cas où un conflit s'élève entre deux prêtres pour l'occupation d'une église catholique, l'attribution de celle-ci doit être exclusivement réservée à celui qui se soumet aux règles d'organisation générale du culte dont il se propose d'assurer l'exercice, notamment à celles de la hiérarchie ecclésiastique et qui demeure en communion avec son évêque ; attendu que, vainement, le pourvoi fait grief à l'arrêt attaqué d'avoir refusé d'examiner si la révocation de l'abbé Esdoluc, prononcée par l'évêque de Saint-Flour, était régulière et en accord avec les dispositions du droit canonique, ou si elle n'était pas au contraire entachée à ce point de vue d'une nullité radicale, ainsi que le soutenait expressément le demandeur dans ses conclusions ; attendu que la cour d'appel a légalement motivé le rejet de ces conclusions, en déclarant à bon droit qu'il ne lui appartenait pas de rechercher si les mesures prises par les chefs hiérarchiques des abbés Esdoluc et Journiac étaient conformes aux règles canoniques et de les apprécier » (*Gazette du Palais* du 21 février 1912). — La cour d'appel de Paris, dans un arrêt du 9 février 1912, reconnaît qui est protégée contre le propriétaire lui-même ; une affectation qui est énergiquement protégée comme telle, sans qu'on puisse trouver trace ni d'un sujet de droit ni d'un droit subjectif.

Je ne pouvais clore ces études sur un exemple qui montrât d'une manière plus saisissante l'évolution des conceptions juridiques que j'ai essayé de décrire. Je crois avoir rempli le programme que je m'étais tracé. Assurément je n'ai pas la prétention d'avoir étudié dans tous ses détails cette transformation si profonde qui s'accomplit de nos jours dans le monde social et, partant, dans le domaine du droit. Mais peut-être en ai-je assez dit pour montrer que sous la pression des faits les vieilles conceptions juridiques disparaissent, des institutions nouvelles se forment, que si pour étudier le droit moderne on se borne à commenter les

le bien-fondé de l'action en référé du curé de la cathédrale de Reims et d'un certain nombre de ses paroissiens, demandant le rétablissement en leur état primitif de certaines dépendances de la cathédrale qui avaient été modifiées sur les ordres du préfet (*Le Temps*, 11 février 1912). — Cf. DUGUIT, *Traité de droit constitutionnel*, 1911, II, p. 128 et suiv. et la bibliographie et la jurisprudence qui y sont données ; BACH, *L'affectation des églises*, 1911.

textes de nos codes, on ignore à peu près tout de la réalité, et qu'on aboutit à l'impuissance si l'on veut faire rentrer les catégories juridiques nouvelles dans les vieux cadres rigides du système civiliste.

Quelques amis bienveillants, quelques élèves trop flatteurs veulent bien parfois me dire que je suis en France comme le chef de l'école réaliste. Non, Messieurs, et pour deux raisons. D'abord parce que beaucoup de mes collègues mériteraient ce titre mieux que moi ; et ensuite et surtout parce que le réalisme n'est ni une école, ni une doctrine ; il est une méthode, la seule méthode féconde, la seule méthode scientifique dans quelque ordre de connaissances que ce soit. Il faut observer les faits, les analyser et en faire la synthèse. Mon éminent collègue, le docteur Widal, disait l'autre jour, dans la brillante conférence qu'il a faite à votre Faculté de médecine, que pour étudier la médecine il faut avant tout faire des observations physiologiques. Pour étudier le droit, il faut faire avant tout des observations sociales et abandonner toutes les vieilles conceptions métaphysiques, sans valeur comme sans réalité. J'ai essayé de suivre devant vous quelques applications de cette méthode. Je serais heureux de ne pas être resté trop indigne de l'auditoire d'élite qui a bien voulu suivre ces conférences.

Ce n'est pas sans tristesse que j'arrive au terme de cette tâche. Je m'étais habitué à venir chaque semaine m'entretenir avec vous de ces passionnants problèmes. Mais toutes les heures arrivent, a dit le poète, et voici l'heure du départ. Votre pays a je ne sais quel charme attirant qui rend plus mélancolique le moment des adieux.

Mais si je pars j'emporte un souvenir précieux et un profit considérable de mon séjour ici. J'emporte aussi le désir profond que l'œuvre de collaboration à laquelle j'ai été le premier associé n'en reste pas là.

Le fait d'un professeur d'une faculté de droit française venant enseigner chez vous (fait dans lequel ma personne n'est rien) restera une date dans l'histoire de nos facultés, et je suis l'interprète de hautes personnalités autorisées en exprimant le vœu qu'un interéchange scientifique s'établisse entre la Faculté de droit de Buenos Aires et nos facultés de droit françaises, particulièrement la Faculté de droit de Bordeaux, relations scientifiques venant s'ajouter aux relations commerciales qui existent depuis si longtemps entre nos deux villes. Il y aurait là, j'en suis sûr, une œuvre féconde pour nos deux pays et pour la science.

Merci encore de votre si aimable accueil, merci de votre si bienveillante attention. J'en garderai le souvenir reconnaissant. Permettez-moi d'espérer que vous n'oublierez pas tout à fait celui qui pendant quelques jours a été votre collaborateur.

Buenos Aires, le 13 septembre 1911.

APPENDICE I

LA THÉORIE DE M. MICHOUD ET LES CONCEPTIONS MÉTAPHYSIQUES

Dans la troisième conférence (p. 59), j'ai dit comment M. Michoud avait nettement mis en relief la divergence profonde qui divise aujourd'hui les juristes français, les uns voulant maintenir les vieilles conceptions métaphysiques de droit subjectif et de sujet de droit, et les autres voulant les éliminer pour tâcher de saisir les faits, tous les faits, uniquement les faits ; et j'ai laissé entendre que M. Michoud était un représentant, d'ailleurs éminent, des tendances métaphysiques.

Cependant M. Michoud semble bien avoir eu l'intention d'édifier un système juridique d'ordre purement positif duquel serait éliminée toute donnée d'ordre métaphysique. Dans son livre, *La théorie de la personnalité*, 1re partie, p. 7 et 8, il écrit : « Le mot personne signifie simplement un sujet de droit ; la notion de personne est et doit rester une notion purement juridique. Le mot signifie simplement un sujet de droit, un être capable d'avoir des droits subjectifs lui appartenant en propre... Pour savoir si certains êtres répondent à cette définition, il ne faut donc pas examiner si ces êtres constituent des personnes au sens philosophique du mot. Il faut se demander seulement s'ils sont de telle nature que des droits subjectifs doivent leur être attribués... De sa nature cette étude est d'ordre purement technique. Il s'agit de rechercher quelle est l'étendue d'un concept juridique abstrait, afin de déterminer à quels phénomènes de la vie juridique on doit l'appliquer... De la manière d'entendre la notion découleront naturellement des conséquences plus ou moins étendues qui permettront d'enfermer un ensemble de phénomènes connexes dans ce qu'on appelle une *construction juridique.* » Rap. le compte rendu fait par M. Michoud du livre de M. de Vareilles-Sommières, *Les personnes morales*, 1902, dans *Revue du droit public*, XX, 1903, p. 345 et suiv. M. Michoud a encore précisé ces idées dans une lettre personnelle (21 janvier 1912) dont il a bien voulu m'autoriser à faire état : « Sur la question, dit-il, dont je me suis particulièrement occupé, j'ai cherché à établir une théorie de technique pure, donc étrangère à l'essence intime des choses et ayant pour objet seulement de mettre l'ordre, la clarté, la logique dans les concepts juridiques de notre esprit. J'ai répété à diverses reprises que je n'entendais pas la réalité de la personne morale au sens des écoles réalistes du moyen âge et que j'estimais inutile de m'engager dans cette question. J'applique les idées métaphysiques à la philosophie du droit où je les crois à leur place (mais sur laquelle je n'ai rien publié) et non à sa technique. »

Ainsi M. Michoud, en écrivant les deux beaux volumes qu'il a consacrés à la personnalité morale, s'est totalement désintéressé de la réalité des choses : qu'il existe ou qu'il n'existe pas de droits subjectifs, que le sujet de droit soit ou ne soit pas une réalité, tout cela lui est tout à fait indifférent. Avec M. Gény (*Méthode d'interprétation et sources en droit privé positif*, n° 61, p. 115), il admet que « ces conceptions idéales n'ont pas de valeur par elles-mêmes », que ces conceptions ne doivent êtres admises par les juristes « qu'à titre de simples hypothèses utiles seulement dans la mesure où elles facilitent la véritable tâche du droit, qui est d'introduire l'idée de justice dans les relations sociales[1] ».

Je ne veux pas discuter le point de savoir s'il n'y a pas quelque chose d'un peu vain à imaginer des hypothèses plus ou moins ingénieuses pour attribuer un certain caractère aux rapports des hommes entre eux et j'accepte pour le moment le point de vue auquel se place M. Michoud : la notion de droit subjectif, hypothèse ; la personne morale sujet de droit subjectif, hypothèse. Je dirai alors que ce sont des hypothèses métaphysiques, et que, malgré qu'il en ait, M. Michoud reste toujours le chef de l'école métaphysique. Voici pourquoi. Littré, Darmesteter s'accordent pour définir le mot métaphysique « qui dépasse la nature, » et par conséquent qui n'est pas susceptible d'une constatation directe. Or, M. Michoud, ne saurait, ce me semble, contester

1. Michoud, *Théorie de la personnalité morale*, 1re partie, 1906, p. 9.

que, lorsqu'il dit : « Derrière le fait que je constate, c'est-à-dire la protection sociale d'une certaine situation, je suppose qu'il y a un droit subjectif et un sujet de droit titulaire de ce droit », il forge une hypothèse qui dépasse la constatation directe des faits.

Il est vrai qu'à un autre passage de son ouvrage (p. 13), M. Michoud écrit : « La technique la meilleure c'est celle qui serre de plus près la réalité. » Mais alors, édifier une théorie technique, ce n'est plus seulement formuler une hypothèse, c'est constater les faits et le plus de faits possible; c'est trouver une formule qui les synthétise et la formule sera d'autant meilleure qu'elle comprendra plus de réalité. M. Michoud dit encore (p. 10) : « Les notions premières sur lesquelles opère la science du droit, telles par exemple que les notions de droit subjectif, de sujet actif ou passif de droit, ne sont autre chose que la décomposition du phénomène juridique... » Je suppose que le phénomène juridique est toute situation qui implique une protection sociale. Il est bien, lui, une réalité ; les éléments qui le constituent et que l'analyse décompose sont dès lors, eux aussi, des éléments réels ; et voilà que M. Michoud lui-même affirme que les droits subjectifs, les sujets de droit sont des réalités.

La vérité est que M. Michoud oscille perpétuellement entre le désir de ne voir que des hypothèses dans ses constructions juridiques et le désir de ne pas se perdre dans des abstractions sans réalité. Mais que la notion de sujet de droit et de droit subjectif soit affirmée à titre d'hypothèse ou comme l'expression d'une réalité, elle reste une notion d'ordre métaphysique, puisque, quoi qu'on fasse, elle est la notion d'un pouvoir de volonté qui implique une affirmation sur la nature intime de la volonté.

Enfin, M. Michoud écrit à la page 10 : « Aucune technique du droit ne saurait se passer d'elles (notions de droit subjectif, de sujet de droit), parce que sans elles il nous serait impossible de percevoir dans notre esprit les phénomènes juridiques. » Nouvelle affirmation d'ordre métaphysique, puisque c'est affirmer que ces notions sont les formes nécessaires de la pensée juridique, comme le temps et l'espace les formes nécessaires de la pensée logique. Or, ce sont là, je suppose, affirmations d'ordre métaphysique. M. Demogue a écrit des pages intéressantes sur la technique juridique où il fait le départ ingénieux entre ce qu'elle contient d'hypothétique et de réel. Il conserve l'expression de sujet de droit, mais il n'y voit guère « qu'un vocable commode » et, faisant une critique très ingénieuse de la technique traditionnaliste, il écrit : « Tout cela est tantôt puéril, tantôt dangereux, et souvent les deux à la fois... Il est nécessaire de se défier désormais de ces constructions toutes faites... Les idées que nous avons exposées jusqu'ici sur la technique juridique montrent que celle-ci n'est pas une étude indépendante, qu'elle est au contraire une chose relative... Se dresse la nécessité de faire place au changement, de ne pas cristalliser le droit... La technique n'apparaît donc véritablement comme pouvant être parfaite dans ses résultats que si l'on établit un classement net des intérêts à satisfaire[1]... »

On lira aussi une très bonne critique de la notion de sujet de droit, faite par M. J. Laferrière. Il dit : « Mais nous nous demandons pourtant si la notion de sujet de droit est vraiment si indispensable qu'on l'affirme, et si cette extrême ingéniosité dont on est forcé de faire preuve pour la définir n'est pas l'indice de sa fragilité. Ce qui nous frappe, en effet, c'est comment, à force d'être étendue, cette notion devient peu consistante[2]. »

M. A. Croiset a dit : « Toute science périt le jour où elle se cristallise dans des formules immuables[3]. » Beaucoup de jurisconsultes feraient bien de ne pas l'oublier.

1. *Les notions fondamentales du droit privé*, 1911, p. 260, 263, 295 et 322,

2. *Compte rendu* de l'ouvrage de M. Demogue, *Revue du droit public*, 1911, p. 804.

3. *Discours* à la Sorbonne, *Revue de l'enseignement supérieur*, 1910, II, p. 394.

APPENDICE II

RÉPONSES A QUELQUES CRITIQUES

On m'a parfois reproché, d'une part de revenir au droit naturel et de faire, malgré que j'en aie, de la métaphysique, et d'autre part de méconnaître le droit naturel et de m'en tenir à un réalisme et à un déterminisme simplistes.

Le premier de ces reproches ne me paraît pas mérité. Que les idées que j'expose soient étrangères aux doctrines traditionnellement connues sous le nom de doctrines du droit naturel, c'est ce qui me paraît ressortir de ce que j'ai écrit dans mon volume intitulé: *Le droit social et le droit individuel*, p. 60, et dans mon *Traité de droit constitutionnel*, I, p. 17. Le droit naturel a toujours été compris comme une règle absolue, idéale, invariable, dont tous les hommes ont naturellement l'intuition et dont les sociétés tendent à se rapprocher chaque jour davantage. La règle de droit, que je fonde sur la constatation de l'interdépendance sociale, est une règle variable et contingente, produit des faits sociaux et constatée par l'observation. Comme je l'écrivais en 1908 : « Une loi ne s'impose que lorsqu'elle est conforme aux conditions de vie actuelle, momentanées et changeantes d'une société donnée, déterminées par l'observation et l'analyse rationnelle de son évolution et de sa structure[1]. » Il y a loin là, je suppose, de la doctrine traditionnelle du droit naturel qui dit : Une loi ne s'impose que lorsqu'elle est conforme aux principes absolus et invariables du droit révélés par la raison naturelle. Il est possible que malgré moi je manque parfois à la méthode d'observation réaliste que je me suis imposée ; mais je crois que sur le fond de la doctrine je ne mérite pas le reproche de faire de la métaphysique.

Dans une lettre du 28 janvier 1912, dont M. Michoud veut bien m'autoriser à faire état, comme de celle citée à l'appendice I, il me dit : « Je fais de la métaphysique assurément et je ne m'en défends pas en admettant (*La théorie de la personnalité morale*, 2e partie, p. 58 et suiv.) l'existence d'un droit naturel. En vous disant... que vous-même n'y échappiez pas, je faisais allusion à votre théorie de la règle de droit..., qui très certainement dépasse les données de l'expérience ; car celles-ci nous montrent le fait de la solidarité, mais nullement l'obligation pour nous d'observer une règle en dérivant plus ou moins directement. Pour démontrer cette obligaion, il faudrait démontrer, non seulement qu'elle est nécessaire à l'existence et à la prospérité des groupements humains et à l'humanité elle-même,

1. *Le droit social et le droit individuel*, p. 62.

mais encore que nous sommes obligés de travailler à cette existence et à cette prospérité. Est-ce vraiment possible sans recourir à des notions transcendentales ? »

Évidemment, du fait de la solidarité on ne peut pas conclure à l'existence d'une règle qui serait obligatoire pour l'homme parce que cette règle serait bonne. En un mot on ne peut pas conclure à l'existence d'une règle morale. Je l'ai dit plusieurs fois (*L'État, le droit objectif et la loi positive* p. 101 ; *Traité de droit constitutionnel*, I, p. 18). Si j'avais affirmé l'existence d'une règle morale fondée sur le fait de la solidarité, j'aurais fait de la métaphysique. Mais j'ai dit que l'homme, être social, est obligé de se conformer à la loi d'interdépendance, parce que, en fait, s'il ne le fait pas, il en résulte une réaction sociale ou du moins un désordre social. J'ai écrit (*Traité de droit constitutionnel*, I, p. 19) : « Nous ne disons pas : l'homme doit coopérer à la solidarité sociale parce que cette coopération est bonne en soi ; mais l'homme doit coopérer à la solidarité sociale, parce qu'il est homme, et que comme tel, il ne peut vivre que par la solidarité. Nous ne disons pas : l'acte de coopération à la solidarité est bon ; nous disons : l'acte de coopération a une valeur et des conséquences sociales. » Quand une pierre tombe du haut d'une tour, je dis qu'elle obéit obligatoirement à la loi de la chute des corps ; en disant cela je ne formule pas, je suppose, une proposition d'ordre transcendental ; je n'en formule pas davantage quand je dis que l'homme doit obligatoirement obéir à la loi de l'interdépendance sociale. Je reconnais d'ailleurs qu'entre les deux situations existe cette différence que l'homme a conscience de celle qui est la sienne et qu'il est probable, et non pas certain d'ailleurs, que la pierre n'en a pas conscience.

En raisonnant ainsi, je me trouve en présence des critiques que m'adresse M. Hauriou de m'en tenir à un réalisme et à un déterminisme simplistes.

M. Hauriou m'a fait le grand honneur de publier sous le titre: *Les idées de M. Duguit* (Extrait du *Recueil de législation* de Toulouse, 1911) une longue étude critique des idées développées dans mes divers écrits et particulièrement dans le tome I de mon *Traité de droit constitutionnel.* Il m'est impossible de reprendre et de discuter une à une les critiques si suggestives que m'adresse mon savant collègue. Aussi bien il me paraît qu'elles se résument toutes dans les passages suivants des pages 15 et 16 : « Il règne, dit-il, parmi les sociologues un état d'esprit fait de monisme et de logique pure, dont M. Duguit a été victime après bien d'autres et dont il est malaisé de se déprendre. Cet état d'esprit procède en grande partie de la croyance philosophique en ce que nous appellerons, avec Tarde, le déterminisme unilinéaire, c'est-à-dire de la croyance dans l'enchaînement de tous les phénomènes naturels en une seule et même série... Si l'on admet l'enchaînement des actes sociaux en une série unilinéaire, il n'y a ni ordre ni désordre, ni justice ni injustice, il n'y a que des phénomènes naturels, tous également qualifiés et fatalement amenés les uns par les autres. Ce même état d'esprit s'oppose à la compréhension du problème de la finalité... Or le droit a besoin, pour sa technique, de la distinction de l'ordre et du désordre, du licite et de l'illicite, du juste et de l'injuste ; il a besoin du postulat de la finalité et de celui de la liberté des agents dans le choix des moyens. Il y a donc entre la sociologie déterministe et le droit le même conflit qu'entre cette sociologie et la morale... Le déterminisme à séries multiples admet qu'il existe à la fois dans la nature de la continuité et de la discontinuité... ; il existe des séries continues de phénomènes qui sont causés les uns par les autres, mais il existe aussi des êtres dont la spontanéité joue le rôle d'un interrupteur des séries continues et dont les actes, impossibles à ramener aux précédents, sont la cause de nouvelles séries phénoménales. » M. Hauriou invoque à l'appui de ces idées l'autorité de MM. Lachelier, Boutroux, William James, Bergson, Dumesnil.

Que nous voilà loin d'une étude positive des faits sociaux, la seule que j'aie prétendu faire et la seule que puissent et que doivent faire les juristes ! Je ne me doutais guère que pour critiquer mes modestes écrits il ne fallait rien de moins que l'appui des maîtres illustres de la philosophie contemporaine. Que les phénomènes du monde social et du monde physique se déroulent en séries unilinéaires ou multilinéaires, qu'il existe ou n'existe pas des êtres « dont la spontanéité joue le rôle d'un interrupteur des séries continues », que le droit ait besoin du postulat de la finalité et de celui de la liberté des agents dans le choix des moyens, je persiste à penser que cela est tout à fait indifférent pour l'étude positive des faits sociaux comme des faits physiques. Les uns sont conscients, les autres ne le sont probablement pas; mais les uns et les autres sont des faits; et les uns et les autres sont susceptibles d'observation directe. Nul plus que moi n'admire la pénétration de William James, l'imagination puissante et poétique de Bergson, la subtilité profonde d'Hauriou. Mais, en dehors de l'observation directe des faits, leurs spéculations ne font pas avancer nos connaissances positives d'une ligne. M. Hauriou lui-même a fait beaucoup plus pour le progrès de la science du droit avec ses notes si vraiment réalistes, publiées dans le *Recueil* de Sirey, qu'avec ses rêveries métaphysiques de la *Science sociale traditionnelle*, du *Mouvement social*, de la *Théorie de l'institution* et des *Principes de droit public*.

Si l'on me reproche d'avoir mal observé les faits, de n'avoir pas su analyser les causes qui ont amené la différenciation actuelle des gouvernants et des gouvernés, la transformation de l'État moderne, le caractère du mouvement syndicaliste dans la France d'aujourd'hui, les formes extérieures que revêtent les relations juridiques, ce sont là critiques que je comprends et que j'accepte. Quant au reproche de n'avoir pas pris parti sur la continuité ou la discontinuité des phénomènes, le développement en séries unilinéaires on multilinéaires, la finalité, la causalité et la liberté, je ne saurais y souscrire parce que précisément j'ai eu pour but d'éliminer tous ces problèmes auxquels je défie qui que ce soit d'apporter jamais une solution. Toutes ces spéculations philosophiques je les admire et je les aime ; mais ce sont de beaux poèmes et pas autre chose[1].

1. Cf. AUBRY, *Essais de critique philosophique, la philosophie de M. Hauriou*, extrait des *Annales de la Faculté de Droit d'Aix*, 1912. — Sur le droit naturel et les critiques dirigées contre moi de ce point de vue, on pourra consulter : CHARMONT, *La renaissance du droit naturel*, 1910 ; G. PLATON, *Pour le droit naturel*, 1911.

APPENDICE III

L'IMPOT SUR LES PLUS-VALUES FONCIÈRES EN ANGLETERRE ET EN ALLEMAGNE

Quoique à un degré moindre que dans les pays de l'Amérique du Sud et dans l'Argentine en particulier, la valorisation automatique des terres rurales et des terrains urbains, en dehors de tout travail du propriétaire, se produit dans les pays européens. Tant que la notion de propriété-droit a dominé exclusivement, la question d'atteindre directement ou indirectement cet accroissement de valeur produit sans le fait du propriétaire, malgré son inactivité, ne s'est pas posée. Aujourd'hui, au contraire, elle se pose partout et dans deux pays non des moindres, l'Angleterre et l'Allemagne, un impôt vient d'être établi sur les plus-values foncières.

En Angleterre, le *Finance act* 1910, art. 1, établit un impôt appelé *Increment duty* : « Conformément aux dispositions de cette partie du présent Act, il sera établi, imposé et perçu sur la plus-value (*increment value*) de tout terrain un droit appelé *increment-value duty*, au taux d'une livre par chaque 5 livres complètes de plus-value accroissant au fonds à partir du 30 avril 1900. » D'après l'article 3, à l'expiration de tout bail d'un terrain, il est établi un impôt sur la valeur du bénéfice acquis au bailleur; on l'appelle *reversion duty* et il est d'une livre pour chaque 10 livres complètes de cette plus-value. Ce n'est pas tout : la même loi anglaise atteint l'inaction du propriétaire et établit un impôt spécial sur la valeur territoriale des terrains non mis en valeur : « Il est établi, imposé et perçu pour l'année financière expirant le 31 mars 1910 et toute année financière suivante, en raison de la valeur territoriale (*site value*) de terrains non mis en valeur (*un developed land*), un droit appelé *undeveloped land duty*, à raison d'un demi-penny par 20 shillings de la valeur de ce terrain[1]. »

En Allemagne, l'impôt sur les plus-values immobilières, voté en principe dans le paragraphe 90 de la loi du 15 juillet 1909 (*Reichsstempelgesetz*), a été organisé par la loi du 14 février 1911[2]. D'après cette

1. Cf. l'intéressant article de M. W. Oualid, *L'imposition des plus-values foncières en Angleterre*, *Revue de science et de législation financières*, 1910, p. 389 et suiv. Voir aussi l'analyse détaillée de l'exposé du Chancelier de l'Échiquier, M. Lloyd Georges, présenté le 21 avril 1909 à la Chambre des Communes, *Bulletin de statistique et de législation comparée*, II, 1909, p. 593. On y lit notamment : « Le propriétaire d'un terrain de valeur qui se contente d'un revenu restreint sans rapport avec la valeur du fonds en escomptant de retrouver ultérieurement son bénéfice dans une augmentation de prix... échappe à l'impôt pour la part de capital qu'il accumule... ; en retirant du marché des terrains utilisables pour la construction de maisons ou d'usines, il est la cause d'un relèvement de prix tout spéculatif et nuisible à l'intérêt général. » (*Ibid.*, p. 595.)

2. Voyez la traduction du texte de cette loi dans *Bulletin*

loi, il y a lieu à évaluation de la plus-value d'un immeuble et à prélèvement d'une quotité de la plus-value, sous forme d'impôt, à l'occasion de toute transmission de propriété immobilière, entre vifs et à titre onéreux, à l'exception de certaines cessions privilégiées. Seule, la *plus-value non gagnée*, celle qui ne provient pas du fait du propriétaire, doit être frappée.

On trouvera des détails intéressants sur cet impôt dans les articles de M. W. Oualid [1]. Il fait très justement observer la différence qui existe entre les raisons qui ont déterminé le vote de ces lois en Angleterre et en Allemagne. En Angleterre, on a considéré l'impôt des plus-values foncières avant tout comme un instrument de réforme économique et sociale ; en Allemagne, on a bien invoqué le principe théorique, mais on a eu surtout en vue de parer au déficit budgétaire de l'empire.

Il n'est pas inutile de rapprocher de ces dispositions un texte français peu connu et jamais ou rarement appliqué, l'article 30 de la loi du 16 septembre 1807, qui permet de recouvrer sur le propriétaire qui en bénéficie une partie de la plus-value due à des travaux publics. Il est ainsi conçu : « Lorsque par suite des travaux déjà énoncés, lorsque par l'ouverture de nouvelles rues... ou par tous autres travaux publics généraux, départementaux ou communaux ordonnés ou approuvés par le

de statistique et de législation comparée, 1911, I, pp. 339 et 442.

1. *Revue de science et de législation financières*, 1910, p. 173 et suiv. et 1911, p. 325 et suiv.

gouvernement, des propriétés privées auront acquis une notable augmentation de valeur, ces propriétés pourront être chargées de payer une indemnité qui pourra s'élever jusqu'à la valeur de la moitié des avantages qu'elles auront acquis [1]. »

1. Cf. le rapport de M. Bonnevay à la Chambre des députés, concluant au rejet d'une proposition de M. Carnaud et plusieurs de ses collègues (11 juillet 1907), tendant à assurer aux communes la participation aux plus-values de terrains ou d'immeubles provenant de travaux publics. M. Bonnevay déclarait, au nom de la commission, que les dispositions de la loi du 16 septembre 1807, art. 30, et de la loi du 3 mai 1841, art. 51, étaient amplement suffisantes (*J. off.*, *doc. parl.*, Chambre, 1909, sess. extraord., n° 2.813, p. 60).

APPENDICE IV

LA RESPONSABILITÉ DU PROPRIÉTAIRE ET LA JURISPRUDENCE FRANÇAISE

La Cour de Colmar a décidé, par un arrêt déjà ancien du 2 mai 1855 (*Dalloz*, 1856, II, p. 9), que « s'il est de principe que le droit de propriété est un droit en quelque sorte absolu, autorisant le propriétaire à user et à abuser de la chose, cependant l'exercice de ce droit, comme celui de tout autre, doit avoir pour limite la satisfaction d'un intérêt sérieux et légitime ». Le tribunal de Gex condamne un propriétaire à enlever un écran établi sur son terrain : « Attendu que X... ne peut sans abus maintenir un écran qui ne présente aucune utilité pour lui et ne saurait servir qu'à causer préjudice à ses voisins » (27 juillet 1900, *Sirey* 1901, II, p. 147). La Cour de cassation a décidé que le propriétaire ne peut faire des fouilles dans son terrain lorsqu'elles sont sans objet et qu'elles ont pour résultat d'occasionner un préjudice au voisin : « Attendu que si l'article 544 donne à chacun le droit de jouir et de disposer de sa chose de la manière la plus absolue, ce droit est tempéré par l'obligation naturelle et légale de ne causer à la propriété d'autrui aucun dommage; attendu qu'il est établi en fait que les travaux de forage établis par X... sur son propre fonds étaient des plus préjudiciables aux sources voisines et que les fouilles opérées ne pouvaient être d'aucune utilité pour sa propre source » (Cassation, 10 juin 1902, *Sirey* 1903, I, p. 12).

Les civilistes classiques ont maintenu énergiquement le principe de la propriété droit absolu et critiqué ces solutions. M. Baudry-Lacantinerie (*Droit civil*, II, 9e édit., p. 424) dit notamment : « En construisant un mur sur mon terrain qui est libre de toute servitude, je bouche la vue que la maison de mon voisin avait sur la campagne ; je ne devrai aucune indemnité, parce que je ne fais qu'user de mon droit. *Neminem lædit qui suo jure utitur.* »

D'autres, non sans hésitation, ont accepté l'idée d'une limitation au droit de propriété. Mais limiter le droit de propriété en dehors des servitudes d'utilité publique, n'était-ce pas quelque chose de bien grave? N'était-ce pas détruire le droit de propriété lui-même et, d'autre part, comment fonder cette limitation, comment en déterminer la mesure? D'où des discussions, des distinctions scolastiques qui n'ont pu aboutir à rien. C'était fatal, puisque d'une part on affirmait que la propriété était par définition le droit de jouir et de disposer discrétionnairement d'une chose et que d'autre part on affirmait que ce droit discrétionnaire avait une limite. D'ailleurs, il ne suffit pas pour expliquer les décisions de la jurisprudence qui s'imposent comme l'expression certaine du droit actuel, de dire que le droit de propriété est limité. Si en effet le droit de propriété n'était que limité, il en résulterait seulement pour le propriétaire, l'obligation de s'abstenir de certains actes à l'égard de sa chose. Or, ce n'est pas seulement une abstention qui s'impose à lui ; ce sont aussi des obligations actives. Il doit prendre, par exemple, certaines précautions et s'il ne les a pas prises, il est responsable. L'arrêt de la Cour de cassation du 18 février 1907 est particulièrement caractéristique sur ce point : « Attendu, y est-il dit, qu'un industriel qui, par l'exploitation de son usine, cause aux voisins un préjudice excédant la mesure des obligations ordinaires du voisinage, est en faute s'il néglige les précautions qu'il y aurait lieu de prendre pour prévenir ces inconvénients ; d'où il suit qu'en décidant le contraire, l'arrêt attaqué a violé l'article 1382 du code civil » (*Dalloz*, 1907, I, p. 385). Je ne dis pas que cette décision de la Cour suprême échappe à toute critique ; mais je la retiens parce qu'elle montre que la jurisprudence admet sans aucune hésitation l'existence d'obligations positives s'imposant au propriétaire.

Ces contradictions et ces difficultés, on a cru les éviter en édifiant une théorie séduisante au premier abord, qui a encore un grand crédit, qui dans les codes civils allemand et suisse est consacrée par un article formel et a été en France l'objet de très savantes études, notamment de MM. Saleilles, Josserand, Ferron, Ripert. L'article 226 du code civil allemand est ainsi conçu : « L'exercice d'un droit n'est pas permis lorsqu'il ne peut avoir d'autre but que de causer dommage à autrui. » Et l'article 3, § 2 du code civil suisse : « Celui qui abuse évidemment de son droit, ne jouit d'aucune protection légale. » J'admire beaucoup l'effort fait par mes savants collègues pour construire cette théorie de l'abus du droit. Mais ils ne peuvent y arriver, parce qu'elle repose sur une contradiction en soi. Dire que l'exercice abusif d'un droit n'est pas permis, ou encore que celui qui abuse évidemment de son droit ne jouit d'aucune protection légale, c'est dire tout simplement qu'on fait une chose que l'on n'a pas le droit de faire, que l'on excède les prérogatives qui se rattachent à tel ou tel droit. Et cela n'est rien de nouveau. La théorie de l'abus du droit ne contient en elle rien de spécifique. Je ne dirai pas avec M. Planiol (*Droit civil*, II, n° 871) que la formule *usage abusif des droits* « est une logomachie », mais comme lui j'estime que s'il y a droit, il cesse où l'abus commence. J'ajoute que cette théorie ou du moins cette formule, *l'abus du droit*, s'explique par les circonstances.

Elle a été un procédé inventé par les juristes pour écarter les conséquences qui découlaient logiquement du caractère absolu du droit de propriété et maintenir en même temps ce caractère. C'est pour cela que cette théorie de l'abus du droit n'a reçu vraiment d'application que pour le droit de propriété. Le même procédé a été employé, très heureusement il est vrai, pour soumettre au contrôle juridictionnel, les actes discrétionnaires de l'administration. *L'imperium* administratif, considéré comme absolu, justifiait tout acte administratif fait suivant les formes prescrites par le fonctionnaire compétent pour le faire, quel que fût le but en vue duquel il le faisait. Habilement, le conseil d'État a introduit la notion de détournement de pouvoir. Puis, peu à peu, le détournement de pouvoir s'est confondu avec l'excès de pouvoir, auquel il est identique. Le fonctionnaire excède tout aussi bien ses pouvoirs quand il fait un acte qui n'est pas de sa compétence que lorsqu'il fait un acte qui est, en la forme, de sa compétence, mais dans un but autre que celui que la loi avait en vue en la lui donnant. Le détournement de pouvoir et l'abus du droit ont été les procédés inventés pour réagir contre les conséquences du caractère absolu attribué à l'*imperium* et au *dominium*. On est arrivé à reconnaître que le détournement de pouvoir est identique à l'excès de pouvoir; on doit reconnaître qu'abuser de son droit de propriété ou excéder les limites du droit de propriété, c'est identiquement la même chose. Voilà pourquoi la théorie de l'abus du droit ne résout point le problème de la responsabilité du propriétaire et que les partisans de cette théorie sont aussi embarrassés que ceux qui disent tout simplement que le droit de propriété a lui-même des limites.

La formule de l'abus du droit, qui paraît être la plus précise, est celle qui a été donnée par M. Ripert (*Dalloz*, sous arrêt Cassation, 18 février 1907, I, p. 386), et aussi par M. Ferron (sous jugement du tribunal de Bordeaux, 14 décembre 1903, *Sirey* 1905, II, p. 17). D'après ces auteurs l'abus commencerait quand un individu, par le développement excessif, *anormal* de son activité, de sa liberté ou de sa propriété, a entravé le développement *normal* de la liberté ou de la propriété d'autrui. Finalement, l'abus d'un droit, ce serait l'exercice anormal de ce droit. Reste à déterminer ce qui est l'exercice normal et ce qui est l'exercice anormal d'un droit en général et notamment du droit de propriété. Évidemment, ce n'est point chose facile, ou, pour mieux dire, c'est impossible. L'idée du normal et de l'anormal en sociologie, malgré l'autorité de M. Durkeim qui l'a défendue très vivement, ne peut conduire à rien [1]. D'après l'éminent sociologue, serait normal tout fait rentrant dans la moyenne des faits sociaux [2].

1. *Les règles de la méthode sociologique*, p. 59 et s. (F. Alcan).

2. Sur l'abus du droit, outre les notes de M. Ripert et de M. Ferron précitées, cons. notamment : Teisseire, *Essai d'une théorie générale sur le fondement de la responsabilité*, thèse, Aix, 1901 ; Ripert, *De l'exercice du droit de propriété dans ses rapports avec les propriétés voisines*, 1902 ; Charmont, *L'abus du droit*, *Revue trimestrielle de droit civil*, 1902, p. 113 et suiv. ; Josserand, *De l'abus des droits*, 1905 ; Salanson, *De l'abus du droit*, Thèse, Paris 1903 ; Marc Desserteaux, *Abus de droit ou conflit de droits*, *Revue trimestrielle de droit civil*, 1906, p. 119 et suiv., et surtout Saleilles, *Rapport* à la première sous-commission de la revision du code civil, *Bulletin de la Société d'études législatives*, 1905, p. 329 et suiv. — Un jugement du tribunal civil de Toulouse du 13 avril 1905 a rapproché l'abus du droit du détournement de pouvoir (Dalloz, 1906, II, p. 105 avec une note de M. Josserand). — Cf. Hayem, *Essai sur le droit de propriété et ses limites*, 1910, spécialement p. 391 et suiv., p. 423 et suiv.

Mais restent à déterminer les bases pour l'établissement de cette moyenne, et cela est assurément impossible ; cela le serait surtout pour le mode de jouissance des richesses.

TABLE DES MATIÈRES

Pages.

PREMIÈRE CONFÉRENCE

LE DROIT SUBJECTIF ET LA FONCTION SOCIALE

DEUXIÈME CONFÉRENCE

LA CONCEPTION NOUVELLE DE LA LIBERTÉ

TROISIÈME CONFÉRENCE

L'AUTONOMIE DE LA VOLONTÉ

QUATRIÈME CONFÉRENCE

L'ACTE JURIDIQUE

CINQUIÈME CONFÉRENCE

LE CONTRAT ET LA RESPONSABILITÉ

SIXIÈME CONFÉRENCE

LA PROPRIÉTÉ FONCTION SOCIALE

APPENDICE I

APPENDICE II

APPENDICE III

APPENDICE IV

Paris — Typ. Ph. Renouard, 19, rue des Saints-Pères. — 3281.

ANDREANI (A.). **La condition des étrangers en France et la législation sur la nationalité française.** 2e édition, revue et augmentée, 1907. 1 vol. in-8 . . . . 5 fr.

BECCARIA. **Des délits et des peines.** 2e éd. 1 vol. in-18. 3 fr. 50

BENTHAM. **Principes de législation et d'économie politique.** Introduction par Mlle S. RAFFALOVICH. 1 vol. in-32, cartonné. . . . . 2 fr. 50

BOISSONADE (G.), prof. à la Faculté de Droit de Paris. **Histoire de la réserve héréditaire,** *son influence morale et économique.* 1 vol. in-8. . . . . 10 fr.

BRUGEILLES (R.), juge suppléant au tribunal de Bordeaux. **Le droit et la sociologie.** 1 vol. in-8. . . . . 3 fr. 75

BRUNET (R.), docteur en droit. **Le principe d'égalité en droit français.** 1 vol. grand in-8 . . . . 6 fr.

COURCELLE-SENEUIL (J.-G.), de l'Institut. **Préparation à l'étude du droit.** *Études des principes.* 1 vol. in-8. . . 8 fr.

DEPUICHAULT (R.), docteur en droit. **La fraude successorale par le procédé du compte-joint.** Préface de M. PAUL LEROY-BEAULIEU, de l'Institut. 1 vol. in-16 . . . . 3 fr. 50

GOMEL (C.), ancien maître des requêtes au Conseil d'État. **Les projets de réforme de la législation sur les mines.** 1 vol. in-8. . . . . 2 fr.

— **Le projet de loi sur les délégués mineurs.** In-8. 1 fr.

LAFERRIÈRE (F.), de l'Institut. **Essai sur l'histoire du droit français** *depuis les temps anciens jusqu'à nos jours, y compris le* **Droit public et privé de la Révolution française.** Nouvelle édition. 2 vol. in-8. . . . . 14 fr.

MARGUERY (E.). **Le droit de propriété et le régime démocratique.** 1 vol. in-16 . . . . 2 fr. 50

MATTER (P.). **La dissolution des assemblées parlementaires,** *étude de droit public et d'histoire.* 1 vol in-8. . . 5 fr.

NOUEL (R.), docteur en droit, avocat à la Cour d'appel de Paris. **Les sociétés par actions.** *Leur réforme.* Préface de P. BARDIN, sénateur. 1 vol. in-16 . . . . 3 fr. 50

RICHARD (MARIUS). **Le régime minier.** 1 vol. in-16 3 fr. 50

ROLIN (H.), professeur à l'Université de Bruxelles. **Prolégomènes à la science du droit.** *Esquisse d'une sociologie juridique.* 1 vol. in-8 . . . . 4 fr.

TARDE, de l'Institut. **Les transformations du droit.** 1 vol. in-18, 6e édition. . . . . 2 fr. 50

VAN DER EYCKEN (P.), avocat à la cour d'appel de Bruxelles. **Méthode positive de l'interprétation juridique.** 1 vol. in-8. . . . . 7 fr. 50

Envoi franco contre mandat-poste.

www.ingramcontent.com/pod-product-compliance
Ingram Content Group UK Ltd.
Pitfield, Milton Keynes, MK11 3LW, UK
UKHW012029240726
13965UKWH00002B/658

9 782013 028486